Collana Ricerca e saggistica/5

Voci d'Abruzzo
Saggi brevi
di Sandro Bernabei

Collana Ricerca e saggistica/5

Curatrice della collana: Chiara Lerza
© Copyright 2018 Riccardo Condò Editore
Tutti i diritti sono riservati
ISBN 9788897028758
Stampato da Amazon Kdp, U.S.A., su licenza di Riccardo Condò Editore
Prima edizione

www.ipersegno.it
Ipersegno è un marchio editoriale di Riccardo Condò Editore, Pineto (Te).

Sandro Bernabei

Voci d'Abruzzo

Saggi brevi

2019

IPERSEGNO

Occorre molta storia per produrre un po' di letteratura
Henry James (*Hawthorne*)

APTICA

collana di narrativa e sinestesia

4

Dedica di Mario Luzi apposta nella prima pagina del saggio di M. D'Angelo *La mente innamorata* – L'evoluzione poetica di Mario Luzi (1935-1966), quale apprezzamento alla mia esegesi, in occasione della presentazione del libro, presso il ridotto del Teatro Marrucino di Chieti nel novembre del 2000.

Sommario

Cimentarmi nella scrittura della prefazione alla raccolta saggistica *Voci d'Abruzzo* di Sandro Bernabei mi parve, inizialmente, impresa assai ardua ma, già leggendo le prime pagine, colsi le potenzialità di una così rara occasione di riflessione e di analisi e soprattutto la ricchezza di quello che sarebbe diventato, di lì a breve, un raffinato incontro tra una giovane lettrice e l'eclettica sapienza di un uomo, prima che di un autore.

Il volume ospita una selezione di dodici saggi brevi di critica letteraria scritti da Sandro Bernabei nel corso degli anni e dedicati a intellettuali, studiosi, poeti e scrittori di origine abruzzese.

L'Abruzzo non è l'unico *fil rouge* che lega l'eterogeneità della materia letteraria trattata. L'autore ha saputo collezionare, infatti, in questa raccolta riflessioni e approfondimenti su scritture che privilegiano tematiche care e frequentate sia dagli autori che da se stesso: l'*odi et amo* verso i luoghi dell'infanzia, le origini, la riflessione sul tempo, il potere evocativo e creativo della memoria e "la materia magmatica della scommessa dell'esistere" e del "mistero della morte".

Il volume presenta un'ampia e versatile trattazione su materiale lirico e creativo che spazia dalla poesia alla favola, dalla narrativa alla critica letteraria e filosofica.

Per lo studioso ogni saggio è occasione per celebrare la sacralità della parola, sia che si tratti di opere in lingua italiana sia di liriche dialettali.

La forza dell'argomentazione critica del Bernabei attinge alla tradizione classica, alla luce dei modelli lirici e critici antichi e contemporanei, italiani e internazionali. Ogni pagina porta con sé l'eredità della sua ricca cultura in campo letterario, musicale, teatrale, artistico e architettonico, che ha origine nell'amore per la classicità greca e latina e per quei letterati che, attraversando i secoli, ha eletto a fonte d'ispirazione e modello di stile e di interpretazione; Petrarca, Dante, Shakespeare, Foscolo, Leopardi, Manzoni, Neruda, Camus e Sartre sono tra i più frequentati.

La trattazione si concentra prevalentemente sulla costante ricerca della potenzialità della parola che crea e che restituisce l'esperienza del creato, ora come musica, ora come immagine.

I saggi che seguono offrono, infatti, ora attraverso riflessioni più specialistiche proprie del critico, ora attraverso immagini e suggestioni, la studiata attenzione al ritmo, alla semantica, al verso e al potere evocativo della parola.

Quella del Bernabei è una raffinata narrazione critica che diventa essa stessa poetica e filosofica.

Da critico di tradizione crociana e strutturalista, Bernabei ha avuto la sensibilità di cogliere e di restituire in queste pagine l'essenza dello stile, dei contenuti e della poetica degli scrittori scelti, senza trascurare l'esperienza umana e il vissuto di ciascuno di loro, trasmettendo al lettore il gusto della ricerca, lo stimolo all'approfondimento, la curiosità e il desiderio di incontrare personalmente le opere degli autori trattati alla luce di una consapevolezza nuova e più acuta.

In pagine emerge anche, insieme allo studio approfondito e all'interesse per la poesia, l'attitudine dell'autore a scrivere in versi.

Mi piace, pertanto, definire, questi brevi trattati come esempi di saggistica lirica, non solo per la preminenza dell'argomento poetico trattato, ma perché pensati e scritti come una narrazione poetica dai toni molto eleganti e raffinati.

La lettura dei saggi è libera dall'ordine crescente delle pagine, ogni saggio è, infatti, autonomo e garante di stimolanti echi e riflessioni sull' "orizzonte inesplorato del senso dell'esistere".

Sebbene la forma del saggio presupponga un destinatario di media e alta cultura, interessato ai temi trattati, studioso e amante del mestiere di scrivere, lo stile ricercato ed enciclopedico dell'autore sa restituire, sicuramente, ottimi approfondimenti critici sugli autori e sulla loro produzione, ma sa, altrettanto bene, rispettare il lettore desideroso di godersi una lettura che, seppur impegnata, sappia essere anche un leggiadro viaggio guidato tra luoghi e immagini che l'autore ha saputo cogliere dalle opere trattate, estrapolando da esse pensieri e sentimenti universali, sull'esistenza e sul quotidiano, appartenenti a ciascuno di noi e che fanno della letteratura non una mera cristallizzazione dei modelli, ma una straordinaria testimonianza del vivere e dell'incessante cammino dell'uomo verso la ricerca del senso.

Angela Telesca

La vita a tre cifre (Saggio)

Di straordinaria intensità sensibile, *La Vita a Tre Cifre* apre ad una spazialità assoluta il confine dell'esistere. Nella considerazione della "vecchiaia promessa" si illumina il senso di una ricerca esistenziale che pareggia e salda i momenti dell'esperienza umana in armoniche dinamiche.

La centralità della sera recupera appieno la luce del giorno nella rivalutazione di un vissuto non in termini di giudizio definitivo, ma come presa d'atto di un irripetibile retroterra costruito attraverso un'esperienza irripetibile. L'analisi di quel vissuto restituisce equilibrio, evidenzia energie sopite, amplia gli orizzonti, redime falsi pregiudizi. L'individuo acquista consapevolezza della propria unicità, delle possibilità del suo microcosmo le cui componenti sfuggono a valutazioni approssimative, alla definizione di parametri proposti, quando non imposti, da esigenze di arrivismo sociale, da esterne necessità di potere.

La storia narrata è radice ed esemplificazione, genesi della ricerca; principio ispiratore di altissimo contenuto umano, ma anche filosofico ed esistenziale. La figura umana acquista dimensione universale nell'approccio elementare, e dunque incontaminato, al quotidiano; dove l'elemento' non ha carattere di banalità; si identifica piuttosto come sintesi della natura, punto di riferimento di esemplare chiarezza, rifiuto di artefatte codifiche e di distorti assunti mitici del nostro tempo. *La Vita a Tre Cifre* propone un itinerario di "profonda" semplicità che, rimovendo il campo da quei miti artificiosi, elude ingannevoli ideali per restituire la libertà necessaria all'*ascolto del codice della vita*.

La proposta è autentica, originale, carica di suggestioni; non urla pretese, sussurra tenerezza; non vive stagioni eclatanti, costruisce granitiche certezze in composta riservatezza. L'equazione proposta = protagonista raggiunge l'apice di risolvibilità nella piena disponibilità ad assecondare la dottrina della natura, a disporsi ad ancestrali richiami; uniche realtà prima di varcare la soglia della fede. Il diaframma tra l'immanente e il trascendente riduce le distanze, converge verso la sua massima espressione umana: "Il Cantico delle Creature" di frate Francesco, e in questo traduce dignità e aneliti dell'uomo, consapevolezza e speranza. La chiave di lettura della *Vita a Tre Cifre* pone in quel diaframma un accento determinante, che apre possibilità inesplorabili a chi percorra sentieri diversi.

Il respiro breve conferisce al saggio immediatezza, evita alterazioni, concentra volumi affettivi, psicologici, esistenziali in microuniversi compiuti. All'interno dei quali i termini della ricerca si coniugano a tensio-

ni dialettiche mai scadenti in retoriche seduzioni, a costruzioni sintattiche di trasparente efficacia, a strutture linguistiche ricche di semantiche
intuizioni. Ne derivano intarsi estetici stilisticamente pregevoli. Il preludio ad esempio, di sapore beethoveniano, pacato nell'esposizione, cosmico nello sviluppo; o il capitolo immediatamente seguente, stupendo affresco di raffinata espressività, fecondo di frammenti lirici di pregevole
eleganza. La liricità è peraltro matrice costante nello sviluppo dell'analisi:
insita nella donna che *aveva gli anni a tre cifre*, conseguenziale alla particolare duttilità narrativa dell'autore, all'uso davvero elegante della lingua,
al ricorrente impiego di stilemi dalle caratteristiche singolari, come la ri-
presa improvvisa di temi in precedenza trattati, che restituisce tensione
e armoniche sonorità nei momenti in cui esemplificazioni o chiarifica-
zioni specifiche impongono digressioni indispensabili; o la 'dissacrazio-
ne' di certi stereotipi morfologici (l'uso della punteggiatura ad esempio)
che dilata gli spazi interpretativi, amplifica i contenuti, sollecita maggiore attenzione. La stupenda, conclusiva immagine del fiume nel quale *ogni vecchiaia promessa* specularmente viene identificata, assomma ed
esalta gli elementi di un'estetica complementare alla materia trattata, agli
obiettivi prefissati.

La lezione de *La Vita a Tre Cifre* trascende il contingente, che pure la
genera, e consegna un messaggio di vita. Non insegna cioè come morire
o sapientemente vivere l'ultima stagione della vita; è una lezione di esi-
stenzialità totale, di individuazione dei presupposti su cui orientare la ricerca. La sera non avrà una definizione nitida; l'inquietudine per l'oscurità che avanza dilata la serenità della estrema citazione leopardiana, che
tuttavia paradossalmente riconduce alla tesi nella sua interezza.

Cosa mettere nella sera, o cosa porteranno la sera e – dopo – la notte?
L'impenetrabile mistero della morte evoca la vita, l'analizza, ne cerca il
senso. La nostalgia della sera è nostalgia dell'irripetibile, dell'incredibil-
mente straordinario, dell'assolutamente misterioso. La proposta dell'uomo non coincide con la proposta della natura. Lo sgomento dell'immi-
nente notte è sgomento metafisico, incertezza dell'attesa, ineluttabilità
dell'evento. Il diaframma del "Cantico delle Creature" si lacera alla luce
del possibile divino.

L'errore del tempo (Poesie)

Il recupero sistematico di una fede singolare sembra risolvere l'indagine interpretativa de *L'errore del tempo* di Amato Maria Bernabei. La genesi poetica muove da una pressante necessità esistenziale, instabile nei percorsi consueti, alla costante ricerca di elementi con cui poter confrontare percezioni originali. Ne consegue una sorta di raffronto dialettico tra le intuizioni del poeta e i percorsi alternativi della realtà.

In questo universo sperimentale non vi sono certezze assolute; i sogni, le illusioni, il destino, le angosce non definiscono parametri immutabili, simboli di un vivere predeterminato. Viene messo in discussione quanto di inevitabile è presente nell'avventura umana, non per ispirazione divina, ma come percettibile sensazione di un sopra-naturale che dal dubbio origina, trae motivo di essere.

Se io fossi un sogno,
se tu fossi un sogno,
che cosa sarebbe
questo ripetersi strano
delle sere
e dei mattini?

E tuttavia il dubbio non consolida le impressioni, anzi spesso turba, confonde, sconvolge; lo smarrimento disintonizza dal canto della natura, riesce a sopravanzare il possibile; la realtà propone altri criteri, altre valutazioni, altri confini.

Questa apparente dissonanza trova equilibrio nell'uso misurato di un compromesso che non dissolva l'essenza del mistero, ma che all'un tempo eluda tentativi di verifica.

Così sarò sempre un funambolo
agile e barcollante
sui confini della verità.

L'ambigua, illusiva immagine non approda all'inganno, si afferma al contrario come unico dettato poetico e umano capace di sovvertire lo *statu quo*, germina i presupposti di una revisione che muti i paradigmi del problema, identifica nella poesia l'elemento vivificante le aride elucubrazioni filosofiche, atto a mediare l'infinito e il compromesso.

L'analisi speculativa addita sentieri rischiosi, conferma l'amarezza del quotidiano, conduce inevitabilmente sul *proscenio illuminato* dove

qualunque sia la parte
la commedia è segnata.

La poesia restituisce all'uomo una possibilità per spezzare l'incessante ripetersi del ciclo, offre mezzi idonei ad un recupero emotivo che orienti nel *dissonante accento* verso la LUCE. Che è ipotesi metafisica ma anche antitesi di oscurità, elemento della notte: ricorrente, costante forza gravitazionale, fattore dominante l'esperienza sensibile, immagine inquietante del mistero.

Di nuovo e di volta in volta si genera il dissidio duale, quasi una contraddizione in termini, certamente non sostanziale; ma che assume toni sconcertanti nella stessa discordante visione della LUCE: *errore del tempo senza fine* e strumento salvifico.

All'interno di questa radicale insofferenza si delineano, maturano e vengono alla luce i tratti di una riproposizione strutturale dell'essere e del divenire che aprono alla speranza, ancora latente, ma che armonizza l'equazione poeta = evasione dal reale = fede. La *disordinata fantasia* del poeta paradossalmente redime.

Acquista in tal modo chiarezza la dialettica degli opposti: serenità ed angoscia, luce ed ombra, illusione e realtà convergono entro un ambito di più contenuta enfatizzazione ma di straripante intimismo. La dicotomia riduce i contrasti, flette ad una misura conciliante, orienta le energie ad un fine che non fonde i due termini, ma li plasma in una *conditio sui generis* in cui il conflitto muta in comune orientamento tendente alla dimostrazione dell'enunciato.

Vivere è più bello
e più terribile
di quello che sappiamo.

'Bello' e 'terribile' assurgono a emblema di quella tolleranza, diventano sintesi della ricerca, evocano suggestioni di una realtà esterna alla norma; l'animo turbato del poeta naufraga in *incontenibili malinconie*. Nelle quali la tempesta dei sensi gradualmente dissolve; nascono liriche raffinate, discrete, quasi confessioni esclusive (*Scrivo / per stare con me*), permeate di tenerezza, dove il grido è anelito, non disperazione; il silenzio è meditazione, non assenza.

Purificanti attimi di quiete relegano la realtà in un'attesa indefinita. L'ansia per la sera che sopraggiunge ripropone nella sua drammaticità il senso razionale dell'esistere; rifiuta gli equivoci significati della convenzione umana, genitrice di subdoli obiettivi; non sopporta la fisicità del tempo, peraltro tangibile solo nel mutato aspetto, nei *fiori caduti che non cogliemmo*, nel *cielo di platani* che *ingiallisce*; rimpiange gli istanti senza tempo dell'amore tanto intensi quanto fuggenti e perciò gravidi di nostalgia; assoluti, segreti, effimeri e perciò irripetibili.

L'amore è comunque un attimo di quiete; come il ricordo, come il rapporto con la natura.

Il ricordo sfuma in soffuse dinamiche emozionali: non scatena il pianto, si allontana confinando fantasmi di angoscia in una catarsi espressiva dai toni stemperati, evocanti finalità che infrangano la consolidata prassi esistenziale.

Il dialogo con la natura si fa incessante, necessario, imprescindibile; si affollano sussurri e acuti e fruscii, e ancora emozioni e suoni e colori: la pioggia, il vento, fossati e fontane, *verdi trasparenti*, l'azzurro che il *cielo lentamente distilla*, incanti di primavera. E la materia diventa Poesia. Autentica, per libertà di ispirazione, per il suo respiro elegiaco, per la sua coralità. Una poesia che affresca con un linguaggio ampio di cromatismi sapienti, libero, di immagini immediate, esemplare nelle linee essenziali, che chiede alla musica il giusto compenso.

Non c'è l'approdo alla perfezione, ma l'armonia costruisce architetture di classica compostezza, di elegante equilibrio strumentale. Gli accenti ritmici dalle ineguali, imprevedibili combinazioni, dosano masse armoniche in organici insiemi orchestrali, sicché la resa sonora non deriva dall'uso ricercato, ossessivo di parole-suono, ma da andamenti timbrici globali.

La poesia si fa canto; e il canto libera i confini del tempo, rompe *l'argine del tramonto* quando *l'altalena delle voci / nella sala si spegne*, trova, nel suo stesso essere, respiro metafisico alieno da preconcetti, da vincoli pragmatici, da presupposti divini:

...confiderò
che resti il segno del mio canto.

L'ombra frantumerà l'*unicum* filosofico-espressivo-armonico in fragili abbandoni ad un esistere perverso che gioca sull'ambiguità di una *fede / penetrante e vana* che tradisce il segreto e lo traduce in illusione.

Ma l'approccio all'eterno non tarderà a disperdere l'effimero nei meandri del tempo; muterà i parametri della fede allo sgomento esistenziale.

Se vivere è soltanto
un prezzo da pagare
se questa tristezza
anche dolce

è un preludio,
è solo un barlume
di LUCE,
amo questa vicenda di colori
che si spaventa nel tramonto
e si confonde.

Tre preludi (Poesie)

Silenzi, e solitudini. Ed eterno. Il Preludio elude gli ambiti canonici, dilata il valore semantico e musicale, risolve in forme finite l'originaria accezione introduttiva. La 'premessa' contiene e propone paradigmi di un universo compiuto in cui sensi velati di inquietudine non ledono gli esiti di un'intima ricerca che è ricerca di luce, di estremo, di infinito. L'*ouverture* sintetizza i temi della composizione e li traduce in annuncio che è attesa e speranza, testimonianza e promessa, esegesi e fede.

L'assunto strutturale suggerisce esplicite chiavi di lettura, concretizza gli elementi dell'ispirazione, evidenzia l'esigenza di un ordine metodologico che fonda dialetticamente i percorsi creativi. Nel duplice assetto musicale e liturgico, i *Tre Preludi* fondono melodia e spiritualità, armonia e preghiera, attraverso itinerari fatti di silenzio, sottile diaframma fra il tempo e l'eterno, di solitudine, condizione ideale per vivere il respiro dell'universo, di Amore:

Ora appartengo all'amore come l'aria
al respiro, come la luce al sole...

La tensione lirica e speculativa libera immagini ed emozioni, partecipa pensieri e riflessioni, media sensi e realtà, parla di un'esperienza affatto personale pur nella oggettività dell'esistere. Le notazioni agogiche affidano alla sensibilità dell'interprete pagine di un diario intimo che è *inquieta ricerca di essere*, che è *voglia intatta d'azzurro*, che è *attesa di un incontro che rivela*, che è abbandono incondizionato al progetto di Dio:

Verrai,
imprevedibile, solo
quando il vuoto in me
starà per farsi
sordo dolore.

Allora
ti accoglierò
atteso.

La poesia vibra di attimi del *tempo che soffre l'eterno* e lo *nasconde* nel suo stesso sentirsi infinito:

La reale consistenza del tempo
sa che il tempo è eterno.

Il presente è il segno tangibile dell'eterno perché non contiene particelle di passato né di futuro. I ricordi, le ansie, gli aneliti vivono il presente:

Non fugge il presente, è giorno
eterno di passato e di futuro.

Nella coscienza del presente il poeta compone i tratti del suo pensiero; nell'*hic et nunc* concentra le tracce del suo sentire, le tematiche della ricerca, le componenti del suo impegno, in un alternarsi di affreschi sensibili, di riflessioni sussurrate, di raccolte meditazioni.

Piogge, nebbie, mattini, e vicoli, e voci, e orizzonti, e palpiti... Il diario dell'anima si fa elegia. Gli abbandoni non cedono energia; recuperano altresì momenti e profumi e colori e suoni di una terra che consegna al poeta un corredo naturale di affetti, di valori, di ancestrali riferimenti e certezze. Il rosa della Majella, come le brezze di Tremonti e il verde del Morrone, al di là di una simbologia ricca di suggestioni e d'incanto, parlano un linguaggio universale, sono i testimoni di una eredità atemporale.

L'ispirazione non perde mai profondità. La serenità di espressione domina un'architettura assai complessa in cui elementi statici e dinamici trovano armonia nella *continua purificazione* dell'Amore. Amore nella sua globalità:

ora conosco l'amore come gli occhi
cercano il viso, come l'uomo dona
la vita;

nella tenerezza della compagna di vita:

... Vibra nel cuore
la meraviglia della tua femminilità
e negli occhi il riflesso
di foglie tremolanti al sole...;

Amore come momento estremo della Redenzione:

Dio che muore è un pazzo d'amore;

come forza generatrice dell'universo:

ed è l'amore l'unico eterno del tempo.

D'Angelo che aveva accettato la proposta iniziale della Commedia come premessa irrinunciabile:

Me ne torno 'Nel mezzo del cammin di nostra vita'
a salire con Dante la montagna delle sette balze
per aspettare una luce più chiara di voci più vere...,

perviene assieme all'Alighieri alle sorgenti del soprannaturale. *L'amor che move il sole e l'altre stelle* è qui più che un riferimento: è ispirazione e sintesi della verità, è approdo di un *iter* umano e spirituale che dallo smarrimento iniziale conduce alle matrici della Rivelazione.

Frammenti dell'esperienza esistenziale nell'irripetibile quotidiano, di un intimo approccio al trascendente; frammenti di una rivelazione che ha nella natura momenti ed espressioni illuminanti; frammenti di un laicato vissuto ai confini di una vocazione totale; frammenti di un mistero a tratti intuibile, mai compreso a pieno: i *Tre Preludi* articolano dottrina e vissuto, postulati e incertezze con un raro equilibrio fatto di cristallini riflessi dell'anima, di trasparenti riferimenti intellettuali.

Tra l'uno e l'altro (Racconti)

"Se mi si ingiungesse di designare quel tipo di composizione che …
offrisse il campo d'azione più vantaggioso, parlerei senza esitazione del
racconto in prosa …". Così esordiva Edgar Allan Poe nel commentare "I
racconti narrati due volte" di Nathaniel Hawthorn. E per sottolineare le
virtù espressive della forma breve diceva del romanzo "che non si può leg-
gerlo in una sola volta" e perciò esso si priva "dell'immensa forza derivan-
te dall'interezza".

Possiamo o no condividere le argomentazioni del grande scrittore americano, il racconto si connota comunque come il genere di narrazione più
snello, in cui l'autore può "svolgere la pienezza della sua intenzione eluden-
do gli influssi esterni o interni derivanti da stanchezza o interruzione"; ma
la speditezza che lo caratterizza non garantisce, come potrebbe inganne-
volmente apparire, una maggiore accessibilità. Non è un caso che, pur es-
sendosi cimentati in molti nella composizione di storie succinte, non sono
numerosi i grandi novellatori. Perché, sebbene non richieda la maestria di
sostenere un lungo respiro, il racconto esige originalità, essenzialità, capacità di sintesi, destrezza che permetta di svolgere con densità il lampo di
una sola idea, di ruotare con immediatezza e pregnanza intorno a un singolo nucleo, schivando la dispersività, l'indebolimento, la non pertinenza.

Al di sopra di tutti il tratto distintivo di questo genere letterario è certamente la brevità, cui possono essere aggiunte le caratteristiche delle
quali parla lo scrittore americano del Novecento Erskine Caldwell: "…
storia inventata con un significato abbastanza pesante da mantenere l'attenzione del lettore ed abbastanza profondo per esprimere qualcosa sulla natura umana".

Tra l'uno e l'altro di Vincenzo D'Angelo non si sottrae a queste regole.

Apparentemente indecifrabile, insignificante nei contenuti, il titolo ci
appare, più che in altre occasioni, di stimolante approccio all'analisi non
solo letteraria del testo. E ci piace iniziare proprio con il proporre una
affatto suggestiva interpretazione del frontespizio appunto, certamente
singolare ma che ha guidato la nostra lettura, ne ha ampliato le prospettive, fino a percepire le fonti dell'ispirazione.

Tra l'uno e l'altro non sembra giustificare una successione temporale
assente di dinamiche; quel frammento di spazio genera spazio, dilata dimensioni insospettate, raccoglie ad una meditazione atemporale, dove il
silenzio parla un linguaggio esistenziale che è quotidiano, e pensiero, e ricerca, filosofia, e teologia, e arte.

Il racconto non è esposizione di fatti: è testimonianza di ricerca, è proposta sinceramente e liberamente offerta senza secondi fini. È implicito, in questa ottica, l'invito a soffermarsi tra un breve racconto e l'altro non per accogliere passivamente esperienze e tensioni ed emozioni, quanto piuttosto per aprirsi ad una verifica quasi sempre assente dagli itinerari consueti.

E la riflessione è origine e sviluppo di questi racconti: spunti di un vivere nel suo intero divenire; elementi di una realtà che ogni giorno si rinnova e si frantuma in mille combinazioni; alternanze di tempeste e di approdi, e di cieli azzurri.

La speculazione crea un mosaico composito dove gli impasti pittorici non sono mai travolgenti; dove tuttavia le tinte hanno un incredibile varietà di sfumature. L'adolescenza, la gioia di vivere, l'amore, l'amicizia, la vocazione, la sofferenza, la tragedia; e ancora le illusioni, le delusioni, la scuola. Ciascuna tessera vissuta compiutamente nella percezione che – cito l'Autore – *la vita è un mistero che insinua punte penetranti anche negli anfratti*. Tessere contigue, interagenti, che condividono le stesse tensioni, che procedono verso una meta comune, che mutuano ogni acquisizione significativa.

Ma il percorso non è lineare: difficoltà si assommano a difficoltà, circostanze ostili allontanano l'attuazione, ritardano la conquista. Solo la comprensione ricompone il disagio; la capacità cioè di valutare l'evento nell'ambito di una più globale considerazione delle fragilità dell'uomo nelle sue multiformi espressioni; una fragilità sulla quale però si può anche costruire. Il brevissimo racconto d'apertura enuclea una chiave di lettura di questi paradigmi instabili, confessa a mezza voce le tensioni intime del conflitto; ma proprio su questi equilibri incerti avviene il recupero di più stabili modelli di realizzazione.

La nostalgia del ricordo non indulge al rimpianto, non asseconda segmenti di sconforto, anche se le esperienze del passato urtano necessariamente con il presente, rivendicano attimi di infinito troppo spesso calpestati dalla fretta di vivere senza conoscerne il significato. Scrive D'Angelo:

Una volta. Quando ogni cosa aveva un'anima, le rondini tornavano in primavera e le campane si suonavano a mano.

Questo non è asettico riscatto della tradizione; c'è di più e di diverso un bisogno di vero che quelle proposte sembravano contenere. L'irrequietezza per un presunto paradiso perduto cede mano a mano a più concrete espressioni di matura consapevolezza.

Questa dualità di passato e di presente si sviluppa in un dinamismo di piani paritetici; vale a dire che da un medesimo nucleo evolvono le scelte. L'amore e la vocazione, ad esempio, sono atomi di una stessa molecola, riflessi di una galassia spirituale che attinge energia in elementari intuizioni metafisiche. L'uno e l'altra implicano travaglio, verificano momenti di stupore, conoscono entusiasmi e tristezze, sperimentano cammini diversi e pur sempre convergenti, comportano comunque una fede.

Traspare appunto in ogni pagina la portante di riferimento del fatto artistico, ma ancor prima dell'impianto speculativo, filosofico, esegetico. I termini della fede vengono proposti come conquista quotidiana attuata in un continuo mettere in discussione se stessi, l'effimero, l'esterno, ma anche le acquisizioni culturali, religiose, sociali. Non si deve essere succubi della fede, la si deve conquistare liberamente, consapevolmente. La fede è un impegno, non un rifugio; è un *modus agendi* non un retaggio greve di intolleranza; la fede è un dono – parola assai cara all'autore – che non si può confondere con parametri di incerto valore.

Il cammino che porta alla fede attraversa sentieri impervi, difficili da gestire, spesso dominati dalla mancanza di comprensione, di orientamento. Nessuna giustificazione sembra sostenere lo sviluppo delle vicissitudini umane. E specialmente i violenti uragani di cui la morte è il mistero primo. Nei racconti di D'Angelo la tragedia si raccoglie in intima meditazione; è un parametro non più traducibile; una realtà che non può essere condivisa, perché estrema.

Nemmeno la poesia ha riferimenti certi, alcunché di definitivo. Nel 'Dialogo di un professore e di un poeta', che è poi dialogo dell'autore con se stesso, il dramma dialettico tra il sentire artistico e la misura razionale. Entrambi in un gioco di alternanze che non sollecita contrapposizioni, anzi manifesta il travaglio dell'esigenza poetica, precisa i termini di confronto/scontro con una realtà che non concede spazio all'immaginario, al vagheggiamento, alla stagione dei sogni.

In questo stesso scritto affiorano le innumerevoli e talvolta angoscianti problematiche che tormentano il mondo della scuola, in un'epoca in cui il disagio dei docenti finisce per non essere inferiore a quello dei giovani, mal sollecitati e disorientati da una società che detta norme universali in funzione di ciò che avviene e di ciò che appare, sempre più lontana dalle vere attese dello spirito umano. 'Il sasso', 'Sconfitto', 'La prima lezione', sono immagini nitide di compositi ritratti, simboli di un turbamento che l'artificiosa sovrapposizione dell'essere al dover essere alimenta ed esaspera, in un preoccupante vuoto di valori che si riempie di falsi miti. Spazio inanimato in cui un sasso resta sasso, opaco e impenetrabile, e non sa dire di sé che è partecipe dell'universo; in cui la sconfitta nasce dal non potersi adeguare all'inadeguabile, e cede alla droga, all'alcool, o fugge nel silenzio dei decibel impazziti; in cui la competizione impropriamente ricalca una lotta per la sopravvivenza e diviene spietata esclusione del più debole; dove la diversità non è segno di varietà o stimolo per l'arricchimento, ma ragione di incomprensione e di scontro; dove non c'è posto, infine, che per la conquista del caduco, e l'impegno di vivere sempre più si confonde con lo sforzo di possedere.

Non meravigliano perciò l'attenzione e il rammarico più o meno velato dell'Autore di fronte ad una realtà in cui è profondamente immerso e che gli appare in disfacimento. Chi nella scuola si sia accinto ad operare sulle tracce di un'etica perduta, inevitabilmente si imbatte in un'immagine capovolta, scorge l'antico γυμνάσιον nei panni dimessi di un riflesso: non semi fecondi per una società che si evolva, ma piuttosto gli echi rumorosi di un collettivo in rovina. Il disagio dell'uomo si acuisce nell'imbarazzo di chi porge modelli in cui crede e suo malgrado si avvede che non è più compreso.

L'incontro con Dante segna, nella speculazione, il momento di un interessante quesito, che sa insieme di scrupolo e di tensione religiosa, e la cui soluzione vive di un anelito neo-stilnovistico: perché nel sommo poeta fu un'ammirazione adulterina e non il lecito amore per la propria donna la spinta salvifica, la forza capace di redimere e di avviare a Dio? La risposta che D'Angelo suggerisce è quella della redenzione attraverso la bellezza, idealizzata e mondata da ogni torbida implicazione: è Dio stesso che nel sublime invita l'uomo a riconoscerlo. O potremmo ripetere, con accento manzoniano, 'omnia munda mundis'. Per quanto noi siamo propensi a credere che la creazione artistica abbia bisogno di stimoli sempre nuovi e forti e che lo stupore fresco di un sentimento recente meglio promuova la tensione ispiratrice di cui l'arte si nutre. Sicché Beatrice accende il sentimento e stimola il pensiero e nella finzione letteraria diviene donna senza volto, concreta bellezza che si fa astrazione, e in cui si incarna e si rivela il Creatore.

Attingere dalla tradizione piace del resto all'Autore, che trae spunti dai grandi del passato per dar materia alla riflessione sulla vita. 'Il mattino di Lucia' sembra voler rincorrere una religiosità antica, umile ed alta, fatta di respiri devoti e di commozioni pie, discreta e timorata, che si dichiara fin nelle scelte stilistiche, nel linguaggio facile e sommesso, nelle strutture elementari.

E d'altronde un linguaggio scorrevole, assente di retorica sovrintende tutta la materia; un fraseggio lineare appunto, privo di leziosità stilistiche che sviluppa una struttura piacevole, a volte armonica che lascia trasparire non di rado la natura poetica dell'Autore, che prende decisamente il sopravvento, quando più pressante si fa la necessità di stemperare le tensioni.

Anch'io, antico, sono passato di qui, ho fondato colonie ed ora mi è rimasta solo una leggera traccia di un ricordo perduto. Si dissolve anche essa nell'estranea indifferenza delle voci che giungono dall'acqua.

Altre volte il racconto diventa conciso, sobrio, stringato, quasi pensieri di un *cursus* scolastico. Questa essenzialità, questo dire apparentemente scarno, puntualizza il contenuto.

Ai richiami letterari espliciti cui si faceva cenno, si affiancano reminiscenze velate, appena trasparenti, non di certo meno espressive, meno intense. 'Campane' è un racconto di stampo e di tessitura siloniani; Donato, il sagrestano di D'Angelo mostra più di un'analogia con il protagonista di Fontamara; creature che vivono certamente situazioni, tempi, contesti diversi, ma che si nutrono di uno stesso *humus*.

La natura fonde il pensiero, nella natura ci sono risposte, c'è la genesi del mistero. L'incontro o meglio il ritorno alla natura evoca memoria, cioè vissuto; riporta alle radici, cioè all'autentico. Nasce una sorta di teologia della natura che penetra l'esperienza francescana, ne raccoglie i fondamenti, partecipa del suo messaggio. La vicenda de 'L'uomo che parla con gli uccelli' evoca clamorosamente il frate di Assisi non già per una assimilazione di avvenimenti, quanto per un comune disporsi all'ascolto della natura come recupero di una semplicità che per se stessa conduce al soprannaturale. L'incontro con gli elementi benefici della natura riesce a sanare le circostanze più disperate.

Ma mentre più urge lo sforzo di relegare l'incerto, esplodono dubbi, incertezze, turbamenti. Mai angoscia, rassegnazione; solo interrogativi pressanti avidi di conoscenza; la radice – ka – di *quaerere* ha già insiti paradigmi di ricerca, di desiderio di sapere.

Domande che si perdono nelle brezze del mattino o nello struggente diario di una tredicenne, o tra i cipressi di un cimitero; che si consumano entro ammassi indistinti di sensazioni. *È forse veramente un girare al vento la vita?* Domande apparentemente senza risposte. All'orizzonte già comincia a determinarsi la luce che non ha connotati sonori, ma che illumina.

Tutto palpita in ascolto silenzioso, riservato; in accenti sussurrati, ma intensi. Le tematiche sottendono un *unicum* ben definito che esplicita il germe dell'ispirazione. Ogni momento, ogni evento, ogni pensiero è una goccia nell'Oceano di Dio. Nel quale tutto riacquista significato, valore, dimensione.

Nella disponibilità all'ascolto, nell'offerta di umiltà, la proposta evangelica diviene più comprensibile; il Discorso della Montagna si fa concreto nella povera, dignitosa solitudine di un vagabondo.

'Le notti dell'usignolo' sono insieme lo spazio dell'ascolto, della conoscenza e del volo, del sogno dell'uomo di staccarsi dal contatto aderente che lo stringe al suolo, contro il pensiero che si libra nello sconfinato immaginabile. Icaro pagò con la vita il desiderio di volare: conseguenza della sproporzione tra ciò che l'uomo arriva a concepire e quanto invece può concretamente conseguire. Il sensibile vagabondo del racconto sembra l'emblema di un'umanità capace di cogliere i valori dell'esistenza indipendentemente dal livello sociale e dall'estrazione culturale: solo che impari ad ascoltare il silenzio, ad ascoltare in silenzio. Ma c'è anche il dramma della vita, godibile e stupenda, e fuggente, che si spegne fra le braccia stesse delle emozioni che la sostentano: il protagonista dell'episodio se ne va mentre canta l'usignolo, varca la soglia del silenzio inascoltabile proprio nel rinascere di aprile, quando la primavera promette.

Questa elegia dell'anima che acquista valenza teologica nella celebrazione dell'umiltà, riporta inevitabilmente e decisamente all'armonia del 'Cantico delle Creature'.

Ancora una volta la matrice francescana raccoglie in sintesi l'esperienza umana e la traduce in aspirazione al sublime. Semplicemente, nell'*hic et nunc*, il mistero della vita.

Terre rosse terre nere (Poesie)

Ci sono incontri che la realtà nega come presenza sincrona, ma che si realizzano con eguale intensità in una dinamica atemporale che investe affinità intellettive e sensibili, capaci di proporre una dialettica del pensare che trascende i limiti del tempo. Accade così che voci lontane si ritrovino idealmente in una consonanza di intenti che può generarsi da paradigmi poetici, come nel nostro caso, ma anche dall'immediatezza dell'esperienza di ogni giorno che appartiene a tutti, anche se pochi ne sanno leggere i contenuti.

Percorsi come attimi del sentire e del vivere, solitudini e corali che modulano linee definite e segni che tardano ad orientarsi nei confini del quotidiano. E mille e mille accenti che danno voce alle parole e ne alimentano il respiro. Il colore delle terre non è antitetico; il rosso e il nero sono toni decisi, intensi, non ammettono incertezza; violento l'uno, estremo l'altro; passionale, vivo, emozionale il primo, definitivo, radicale, annullante il secondo. La simbologia esprime questi elementi, ma nel divenire poetico dilata la definizione fino a contenere in quegli ambiti la complessità dell'uomo e del suo itinerario, pronta anche a perdere ogni possibilità o volontà di decifrazione

> *… il giorno finisce tra le nebbie*
> *e … la nebbia è solo una pioggia*
> *troppo leggera per toccare la terra.*

La realtà può anche lasciar trasparire la sua inconsistenza. E provare il dubbio del suo esserci

> *Forse niente del mondo è vero, niente.*

Eppure, l'urgenza del vivere attende dalle stagioni colori nuovi, significati diversi, e chiede un senso alle colline, alle acque, alle *notti d'agosto*, alla *voce dolorosa del mare / di Ostia*. Nel monocorde melisma che racconta *il male della passione di vivere* si intessono continue vocalità che tentano di ricondurre ad una più adeguata consonanza i contrastanti moduli di *questa scommessa di esistere*.

Elemento catalizzante è la poesia come strumento del dire, ma anche e soprattutto riferimento essenziale di un sentire comune, pur nelle diverse accezioni esistenziali; tracciato virtuale attraverso il quale Remo

Rapino tenta un contatto sensibile che lo avvicini al vissuto spirituale ed esperienziale di poeti che il secolo appena terminato ha espresso negli straripanti eventi storici e personali, sintesi di un'epoca che non è riuscita a metabolizzare tutto quanto prodotto.

La poesia si fa interprete delle angosce ricorrenti, delle speranze giovanili troppo presto tradite, dei ricordi che tracciano segni profondi nella dinamica del quotidiano investire, e che regrediscono nel tempo in angusti frantumi di luce, laceranti ritorni di età annullate da un proditorio risveglio.

L'inquietudine è insofferenza di vivere, negli incerti tratti del presente che non affranca i violenti temporali dello spirito, e lascia l'individuo stremato nell'incomprensione del divenire. La perdita di equilibrio sollecita allora compromessi, conciliazioni; molte volte il silenzio; *farsi notte alle rive*, credere nella possibilità di fuga nel *declino di matematici sogni / sull'argine di impossibili attese*.

Le parole distillano pensieri, suggeriscono momenti, mitigano rimpianti, aprono sentieri *tra le foglie cadute al primo vento d'ottobre*, oltre i confini di un angusto accadere che ripropone un monotono ripetersi di cicli all'infinito, come giochi di un'onda al cadere di un sasso; e ne recuperano gli accenti più veri *per continuare il cammino*.

> *Le stagioni hanno un che di superfluo*
> *se narrano di eterne primavere…*

Il ritorno periodico, se arida ripetizione di eventi cristallizzati, non riconosce significati e colori al dirsi del tempo. E l'essenziale, il naturale, l'elementare sono misure che il vento flette, a volte violento, nell'incalzare dell'attimo che è già passato, che non è presente e che affida ad una speranza incerta le voci di un incerto futuro.

Riflesso minore del ciclo stagionale, il ripetersi incessante del giorno acuisce il senso del declino, allontana ogni residuo di vissuti trascorsi e persi nella realtà degli anni. Che rimane dei bagliori del mattino, dei meriggi 'brulicanti' di 'bambini', degli azzurri d'agosto, dei tramonti densi di emozione, delle sere attese come promessa e offerte alla preghiera, delle notti stellate, protette dalla *madre luna*?

> *ogni cosa dentro frantuma e piange.*

Pure, nei profili esistenziali dei poeti che l'autore ripercorre, c'è sempre una serena, distaccata considerazione della condizione umana nella quale mai traspare il velo della disperazione. Certo non v'è nemmeno passiva accettazione: la ricerca nelle 'terre rosse' come nelle 'terre nere' è fondamentalmente una ricerca di luce anche se non chiaramente identificata.

Chiare notti d'agosto sotto fiati di luna
anche se nell'anima è tutta una nebbia
di novembre quando la luce s'affanna
a nascere al giorno che disperato
la chiede, la brama, la chiama.

Un bisogno primario di cui necessita la natura stessa e che l'uomo avverte anche quando la conclusione dell'esistenza è violenta per scelta soggettiva. Remo Rapino sembra comprendere i parametri interni del gesto estremo: non condanna, non giudica, non giustifica, non prende le distanze; semplicemente con grande sensibilità e riservatezza cerca di intuire i cammini nascosti che guidano un uomo d'intelletto e di arte verso il silenzio assoluto.

La morte è presenza alla vita, elemento centrale di essa; nelle infinite sfumature, mantiene il suo carattere di realtà incontrovertibile. Tuttavia ancora una volta l'autore non si lascia avvolgere dalle spire dell'inquietudine: la morte gli si presenta con naturalezza e semplicità, logica conseguenza di una dimensione temporale; di difficile interpretazione, forse, quando violenta per scelta o per abuso, perché appunto innaturale.

Il dolore declina nel tempo in lezione esistenziale, che è lezione di vita e di pensiero, in una lettura ampia e direi universale del modo foscoliano:

Non vive ei forse anche sotterra, quando
gli sarà muta l'armonia del giorno,
se può destarla con soavi cure
nella mente de' suoi?

Se è possibile attingere da un'esperienza così totalizzante sapere e consapevolezza e vibrazione emozionale, si stempera il clamore del nulla, la voce della morte riacquista i sommessi accenti del silenzio, sussurra gli abissi, è *quasi una fola di vento sulla piana.* Alle inaccessibili ragioni si sostituiscono gli accessi concreti, in composta presenza al dramma. E l'ombra riacquista il suo ruolo di complementarità alla luce; si fa strada la proposta di associare la morte non ad un evento assoluto, ma di iscriverla nella più completa normalità fino a sopprimerne l'ansia, perché la morte perennemente meditata toglie respiro alla vita e significato a se stessa:

Dimenticare la morte per imparare a morire.

La graduale, sistematica consapevolezza distoglie i falsi residui di uno stereotipo acriticamente subìto. Più pacatamente l'autore compendia un mondo di elementari concettualità in cui conflitti, tragedia e serenità convivono in una sorta di elegia primordiale fatta di freschezza, di ingenuità, ma anche di connaturato istinto, di laceranti aberrazioni. Pacatamente la trasfigurazione dal sogno al disinganno dell'età matura conquista una connotazione nuova che non cancella la drammaticità della scoperta, ma ne sottolinea anche le possibili matrici costruttive.

C'è sempre un parco nella vita di un uomo,
un verde che ti cresce dentro e s'allarga
a vista d'occhio senza confini e segreti,
un intrico di boschi dove fioriscono sogni
buoni per l'acerbo degli anni, delirii poi
quando gli anni sanno il marcio del frutto.

Il contrasto vive nelle sue strutture interne e si sana in una visione indiscutibilmente serena, densa di adesione emotiva, che porterà a riconoscere i germi di una dimensione quasi metafisica, solo che si sappiano decifrare i moduli di un linguaggio che ha diverso respiro e che trascende l'apparente.

Un parco può farsi più grande dell'intero
universo se guardato con occhi innocenti.

dove innocente ha valenza assoluta, rintracciabile nella radice semantica *nak* di nuocere; radice dal significato profondamente distruttivo, che la particella negativa iniziale però, ribalta completamente. Dunque innocenza come pura disposizione dello spirito.

Inevitabilmente il vissuto di ciascuno racconta itinerari unici, eppure comparabili, e il ricordo accomuna esperienze singole e collettive, stagioni di promesse e di inganni, luoghi abbandonati e forse ormai irriconoscibili, persone che non ci sono più.

La traduzione del ricordo parla di momenti irripetibili non a causa della successione temporale, ma perché la mutazione investe innanzitutto le radici del passato, come se non fosse possibile procedere in avanti senza cancellare i passi lasciati dal nostro cammino. Passi che l'acqua rimuove più in fretta, se appena impressi ai margini della risacca. E tutto in un momento sembra annullarsi e tacere e iniziare un processo di sfocamento che nel tempo si dissolve. E avverti l'effimero senso del moto, la fragilità di esperienze pur significative sulle quali quando

rimane solo il verso del gufo
l'anima, pure l'anima, si fa esile fiato.

Solo la poesia può in parte affrancare la malinconia del ricordo, nel tentativo di recuperare le radici della *semplicità perduta*.

Fermati un poco, Federico, un poco
e torniamo bambini davvero a guardare
la luna ...

anche se il ritorno apre ferite inevitabili, ripropone una realtà che proprio nel confronto con il presente urla il lacerante distacco. Alla ricerca di terre nuove dove *tracciare / le parole che saranno*, l'animo si placa *sapendo che respiro di pace è ogni poesia*.

Autentica, coinvolgente, densa di *humus* culturale, la poesia di Rapino ha il sapore fresco delle cose naturali. E i riflessi e i ritmi del fiume che affascina e turba, attira e respinge.

E un fiume ha sempre una sorgente e la sorgente prende acqua dal cielo. Un fiume si svolge in tratti sereni ed a tratti irrompe, ride a volte, altre volte stride.

Così Rapino legge, attinge, e poi sgorga, commenta, conversa, elabora, si distende in accenti lirici o si contrae, si corruga in asperità, ma senza soste impone una corrente inarrestabile.

Presupposti di un'estetica che questa sequenza sembra evidenziare, quasi una dichiarazione di poetica:

È stato tutto un temporale, lampi e acqua
a scavare campi / a sbriciolare argini alti
erbe e radici trascinate fin dentro le piazze
e qui a rinascere con disperato turbamento
lungo i viali barricati di speranze nuove
con un unico gesto, uno, un solo grande urlo
lacerante l'aria intrisa di false nebbie
che scarnivano l'eventualità di essere felici
in qualche modo, per una, due sere almeno:
a questo servono le parole, se servono.
Certo che qui errore può farsi la poesia ...

Nella loro consapevole inconsapevolezza questi versi si propongono come chiave interpretativa e spunto critico più adatto per valutare il contributo rapiniano: la poesia che si accende per improvvise scariche di energia, che inonda, che tenta la verità (ma la *verità è che non c'è verità alcuna!*), grida lacerando il falso (ma se il vero non c'è, il falso consiste in ciò che si pone in modo da permettere questa scoperta?), s'accorge delle sempre più ridotte possibilità di cogliere la felicità... A dare un po' di felicità, appunto, dovrebbero servire le parole: ma servono? Anche il senso della poesia viene messo in discussione, almeno in questa chiave.

Lampi, dunque, dentro la tempesta esistenziale e dentro il furore delle parole. Le quali non sconfinano mai nel gusto deteriore imperante che tanto si avvicina alla poetica della meraviglia, alla pirotecnica dei secentisti che riducevano il fatto poetico allo stupore della trovata.

L'immagine qui non è mai violento incontro di stridenti terminologie. L'espediente figurato è spesso gentile, denso a volte, di sincero *pathos*, e conferisce qualità di arte al dire.

Come gran parte della poesia moderna, anche la scrittura del poeta abruzzese accoglie parzialmente il canone della versificazione, imprimendo cadenze libere al ritmo, che si avvicina per questo agli andamenti della prosa, mentre conserva, delle peculiarità del poetare, la versatilità e le illuminazioni del linguaggio figurato, con il gusto pienamente contemporaneo per la sovrabbondanza, la quale in certe anse rivela i fondali, in altre li vela.

Il poeta si pone all'ascolto di ogni possibile fremito che offra una speranza di continuità *per scoprire ancora nelle cose il respiro*, anche là dove le *umili voci delle rondini* rimangono *inascoltate*. E resta in attesa; e ascolta dal silenzio gli echi di attese, di infinite solitudini, di passioni temperate; coglie i sensi arcani delle

notti semplici, quelle senza luna,
quelle che scordano di accendere le stelle,

quando l'anima non riesce più a colmare il vuoto dell'assenza reale; sente la voce che va al di là del silenzio imposto. E quando il dialogo oltre la morte non trova più risposte adeguate, quando perde equilibrio e corrispondenza, istintiva, sincera si libera l'invocazione, e la richiesta si fa preghiera:

Poeta nostro che sei nei cieli
infaticabile mano, ragione e fantasia,
senza i tuoi occhi di visionario buono
quante cose avremmo perso del mondo ...

Ultima speranza, intermediario del mistero, canta il rapsodo dalle *creste gialle della luna*.

Divinità visionaria, trascendenza e follia, o tramite fra la parte più umana del Dio e quella più divina dell'uomo.

La paradossale orazione colloca il poeta quasi nella sfera del magico, dove il sentire diventa dire per soprannaturale afflato. Non c'è né suono né silenzio senza *la voce di ciliegia e di luna*, perché il sentimento inespresso, l'intuizione non enunciata, non comunicano e sono più sordi e più muti di qualunque assenza di sonorità. Il poeta, poiché tale, scriverà poesia, e il suo silenzio è già una voce, radice e pausa dell'affabulazione, le dà intensità e risalto per chiaroscuro.

Ultima speranza di decifrazione e di canto: dalla sua *voce profetica* attendono i compagni di viaggio altri mari e riposo, e dalle sue *mani profumate di menta* il senso dell'andare e la bellezza, quasi una nenia, quasi l'anestesia, il sonno per riposare lontani dall'aria *che ghiaccia in dolore*.

Tutti gli uomini sentono: il poeta dice.
E noi l'ascoltiamo "posati quieti alla riva".

Per ogni nota che vive nel tempo e *Lu Dijarie* (Poesie)

Poesie semplici, come l'autore stesso le definisce, poesie che parlano un linguaggio consueto; tracce di un percorso comune, che attiene all'esistenza e alla lingua, in una consonanza che delinea in modo paritetico l'equivalenza e l'importanza dei due fattori, dove il quotidiano è sostanza ed espressione, contenuto e forma.

Ritratti naif, in cui il significato *ad litteram* prevale sull'altro, più ampio, di ingenuo. È il nativo dell'elementare, di un codice leggibile, trasmesso con altrettanta chiarezza, essenziale nei riferimenti. Germogli di campo, di una terra che protegge la propria semantica esistenziale, al di là del tempo e degli eventi.

La trasposizione figurata ha il significato di una simbiosi che lega il poeta alla terra e la terra al poeta; sentieri noti e radicati nell'ordine dei sentimenti prima ancora che in quello del vivere. Trame di un tessuto che l'esperienza non riesce a modificare, soggiogata da un divenire ineluttabile che il poeta avverte profondamente in una sorta di rassegnazione manzoniana, che coniuga divino e destino all'interno di una sintassi per niente possibilista.

Nell'ambito di questa concezione coesistono tuttavia elementi che verticalizzano, tendenti ad un vertice comune in grado di offrire un significato almeno embrionale ad un'esistenza già di per sé compromessa. È il sommesso ricorso alle sorgenti della speranza che non "fugge i sepolcri" come estremo appello, come 'ultima dea', ma che consolida una fede certamente più vicina ai *floridi / sentier ... / ai campi eterni, al premio / che i desideri avanza* (Manzoni). Quasi un recupero di necessità inespresse e dunque estremamente sofferte. In silenzio, spesso; nella semplice accettazione di una vita semplice, che riconosce i propri limiti e che perciò tenta di consolidare le certezze che risiedono nei valori di antichi richiami.

Si accede così ad una coralità che attiene all'umano, al quotidiano, al termine comune, e che contiene, pur all'interno di voci dissonanti, un universo di suoni. Particelle di un vissuto che si è mosso e si muove su sentieri battuti ma che riesce ad esprimere un linguaggio d'origine, una vocalità in cui ognuno può identificarsi, solo che abbandoni la fragile apparenza.

Anche i più complessi aspetti esistenziali attenuano i toni e rendono la meditazione e la riflessione consone ad un equilibrio di più immediata comprensione. Concorrono alla realizzazione di questa fruibilità alcuni caratteri distintivi della poetica di De Luca. La lingua innanzitutto, tramite fra il concetto e l'espressione; usata indistintamente nella duplice veste di codice ufficiale e di dialetto, e in entrambi esemplificata fino alla rarefazione di un fraseggio tipico del linguaggio parlato. Anche la tensione del verso viene il più delle volte sacrificata ad un andamento più prosastico che traduca più rapidamente il pensiero ad un ascolto totale, basilare nella silloge in italiano, popolare in quella in vernacolo.

E poi l'immediatezza delle immagini in cui la metafora gioca un ruolo importante attraverso una trasfigurazione lineare della realtà che esemplifica la sostanza del contatto poetico; e nello stesso tempo determina il distacco necessario ad una considerazione più serena degli eventi, e ad un recupero del sentire semplice, nel solco tracciato dai padri, che comunicavano una grammatica della natura.

Rotto dal soffio del vento,
il silenzio svegliò il tempo,
bussò alla sua porta,
udì una voce
raccontarsi la vita.

Come un'aquila vorrebbe volare,
danzare nel buio,
avvicinarsi nel regno del tempo
dove la libertà viene nascosta
dietro un angolo di cielo.

E ancora i ritorni della memoria, che annovera ricordi ma anche sensazioni, l'inganno delle stagioni, la precarietà del tempo, l'illusione del sogno; quasi voce di una accennata epopea dell'usuale, del collettivo, di un divenire scontato, in un clima rarefatto di malinconia; riverberi di una storia vissuta sottovoce, col sospiro della sera; un percorso diverso da quello immaginato nei *momenti felici dell'infanzia*, persi *in quel nulla dove ho vissuto / senza conoscere il mondo.*

Il rimpianto ha sfumature tenui, dissolventi in tonalità minori; non trascende mai gli ambiti di una comprensibile amarezza. E porta con sé, come compagni di avventura, i segni distintivi del percorso.

Il silenzio innanzitutto che dà la dimensione dell'anima smarrita, ma che raccoglie ogni sillaba del misterioso andare. Silenzio che diviene punto essenziale di riferimento quando il circostante è indecifrabile, irrisolto, e non per una sorta di evitamento necessario, quanto piuttosto per sentire meglio il dire inespresso del cielo, del tempo, del vivere, o avvertire distintamente come *ogni battito fugge nel tempo* e *scivola via*, o per capire la luce, oscura protagonista della notte, quando non per *calpestare … / i sogni del passato.*

E con il silenzio la solitudine, come momento dell'anima quando necessita il recupero; quando acquisisce la consapevolezza dell'interiorità, quando ciò che è tangibile perde i riferimenti del contatto, quando la realtà genera sensazioni di angoscia che soffocano il senso di esistere. E nella solitudine riemerge il germe della libertà, di quella intellettuale, almeno.

Sicché il nulla rimane isolato nel suo imperscrutabile dominio di non-conoscenza, che se da un lato determina un allontanamento dal processo intellettivo, dall'altro giustifica il sentimento di paura. L'irrazionale cerca pretesti e li traduce in razionali criteri dell'esperienza. Così la paura ha il sapore della notte, del vento, del male, del freddo; e tra figurazione e realtà propone incertezze.

Non a caso il dubbio è uno dei nuclei di riferimento de *Lu Dijarie*.

Li chiacchiere
se le porte lu vente,
ogne domande
nen trove maje
'na risposta chiare.

Chell'òmmene
porte 'ngolle 'na croce
che pese gnè 'nu macìgne.

Mentre aspètte,
'nu dubbie le tormente:

Criste a ddò s'à 'nnascòste?

Dubbio come radice di un percorso di fede, che ha implicita la possibilità di conoscenza. Concetto essenziale del pensiero di J. Guitton. In *Ce que je crois* il filosofo francese scrive:

Un'altra cosa dobbiamo notare, e cioè il fatto che l'uomo di fede, come ho detto, conosce bene le sue ombre. Lascia sempre un posto al dubbio, alla possibilità che il contrario sia. La sua fede è una fiducia avvolta dalle ombre e dalle nubi. È un atto libero, un movimento d'amore che va al di là di ogni prova, … mentre in generale il non credente è un uomo sicuro, assolutamente sicuro.

Ma dubbio anche come disequilibrio esistenziale, intolleranza dell'incerto, consapevolezza dell'ignoto, dove la luce e il buio rappresentano le antitesi di un progetto incomprensibile. Dal quale è possibile distaccarsi ancorando la propria vita agli affetti familiari, ai luoghi e agli eventi circostanti. Componenti che danno sicurezza, che si rapportano facilmente all'esperienza ormai consolidata. E quando il mistero prepotente irrompe in quella debole stabilità acquisita, la voce del poeta si fa interprete dei turbamenti, dello smarrimento, di quanti non sanno dare voce alle urgenze di sapere.

Nel poeta parla la gente, ed egli diventa quasi ministro di una liturgia del quotidiano, comunicando concetti profondi attraverso l'immediatezza semplicistica del popolano che procede per τόποι, per luoghi comuni, per proverbi; trasferendo nel verso l'intensità vissuta attraverso la familiarità del dire, nell'accezione della consuetudine. Espressioni e modi di dire che sono patrimonio della tradizione popolare e che dunque permettono una lettura più accessibile e intensamente partecipe.

In questo risiede anche la maggiore freschezza della silloge in vernacolo. Nella quale sembra perfino ampliarsi la gamma delle prospettive, anche se più evidente appare l'individuazione di un umore volubile che in determinati frangenti si avvilisce al punto da dimenticare circostante più felici, emozioni più serene. Ma è il contrapposto di un'indole sensibile, tesa alle sfumature della vita, e i cui estremi esemplificano paradossalmente la fragilità del diaframma che divide gli opposti. Ecco che alla *sinfunìe di culùre* de *La vite è Mùseche*, si contrappone con violenza un addensarsi di nubi in *Còcce o 'Croce*:

Jè piagne da quande so' nate,
manghe lu sole a 'risscìte
a 'sciugarme 'ste lacreme.

Dall'albe a lu tramonte
'n zò maje sindìte
'nu cante de 'ruscignòle.

L'elemento di mediazione è dato da una sorta di oggettivazione del sentimento che si può cogliere più schietto e sereno quando lo stesso è vissuto negli altri, quando cioè non coinvolge personalmente, ma, rimandando all'esperienza altrui, tesse la vicenda esistenziale con occhio più distaccato e recupera la possibilità di sognare, o meglio l'esigenza di non smarrire il sogno, insieme con quella di non nasconderlo a se stesso e agli altri, come per affermare il bisogno di un coraggio per vivere.

Il sogno riconduce alle stagioni iniziali che in De Luca frequentemente si ripropongono sia come presenze oggettive sia come riflessi del proprio retroterra. In entrambi i casi la tensione emotiva è più sottesa che rivelata; eppure ne avverti costantemente le vibrazioni più intime, le scansioni più insolite, esclusive, sempre ricche di tenerezze, a volte struggenti, mai retoriche, anzi trasparenti di delicate risonanze.

Il titolo affascinante della raccolta in italiano, riconduce all'essenza vera della poesia che i contemporanei troppo spesso trascurano e che è di 'note', di musica; cioè, di melodia, di armonia, di ritmo. Per di più esso allude alla forza vitale che dalla poesia nasce e che la stessa conferisce e che in essa ritorna, *per ogni nota che vive!* E alla poesia si lega la dimensione temporale, al di fuori della quale l'uomo non concepisce se stesso, posta o negata che sia dall'Assoluto.

Necessariamente questo assunto conduce anche De Luca, se pur raramente, ad affrontare concetti di dimensione più universale. In questo caso egli pare ricollegarsi a quel filone letterario che mostra una partecipe attenzione alle condizioni dell'indigenza e all'ingiustizia che essa comporta, alla luce di quella possibilità di riscatto che nella tradizione medesima, anziché promuovere l'affrancamento, la ribadisce in forza dei criteri cui si appella, implicanti rassegnazione nella trascendenza. L'apice di questa tematica sembra essere rappresentato da *Padre mio*, dove sia la sofferenza che la comprensione della miseria, acquistano un valore irrinunciabile che pone la povertà alla base di una redenzione non immanente.

Lungo il pendio del monte
ho incontrato un vecchietto
coperto di stracci:
scendeva a fatica,
sorretto da un nodoso bastone.

Nei suoi occhi tanta sofferenza.

Mi sono fermato ad aiutarlo,
offrendogli un sorso d'acqua
per dissetarlo,
rinfrescarlo.

Il valore del messaggio sta dunque più che nell'attaccamento viscerale alle proprie origini e alla propria terra, nella comprensione del dolore della propria gente, in ciò che nel particolare, nello specifico si ricollega alle sorti di una umanità cosmica che, attraverso le vicende della propria esistenza, *soffre, combatte e prega* (Manzoni).

Temi e riflessioni che, nella coralità relativa alla sua terra, certo non attenuano i riferimenti intrinseci, non perdono impeto di partecipazione, intensità di ascolto; se mai acquistano contorni più netti, espressioni di più radicato sentire.

'Sta terre a ddò so' nate
nne me le pozze scurdà maje.

Ogni spunto diventa una componente dell'incastro che il poeta cerca di decifrare semplicemente, per la sua gente. La natura, l'ironia, l'ipocrisia, l'ingiustizia, la sofferenza, la morte, l'amore, gli affetti familiari. Chiaroscuri della vita, impeti gioiosi e debordanti malinconie, e contaminazioni di entrambi. Sicché spesso anche gli spunti di autentica comicità conservano i tratti di una tristezza endemica. E quest'ultima rappresenta il continuo su cui si sovrappongono note di un'armonizzazione scontata. Segmenti che delineano il disegno totale, semplice e definito in ogni suo aspetto.

E così appare intrisa di tristezza anche la gioventù, fuggita tanto in fretta da non averne potuto gustare appieno i sapori; restano soltanto gli zampilli della fontana, il profumo del mattino, l'abbraccio della mamma. Il contrasto nasce dalla incertezza del tempo, ma anche dalla precarietà della condizione umana. Nella trepidazione del futuro indeterminato si avverte la necessità di aderire al valore certo di quello che è e di quello che è stato.

E proprio in funzione di una migliore realtà trascorsa, il poeta anela ad una possibilità di recupero. Questa esigenza riverbera la volontà e il bisogno di ricostruire una condizione della natura forse nemmeno mai vissuta, ma sempre desiderata; una esigenza di purezza, di incontaminazione, di salvaguardia del patrimonio, e anche di conservazione di quanto di poetico la natura è in grado di offrire, e contemporaneamente forse la velata esigenza di una umanità che recupera se stessa, avendo espresso il suo aspetto deteriore proprio attraverso l'oltraggio all'ambiente che la ospita.

Aripittème 'stu Monne
arèdemeje 'nu culòre nove,
'nu ciele
nghi li stelle, la lune, lu sole,
la muntagne
nghe lu silenzie 'nnascòste,
lu 'bbòsche
nghi li fiure ch'addòre d'amore,
lu mare
a ddò sott'a la lune
se spècchie 'bbàrche e pescatùre.

Paradisi perduti, sensazioni smarrite, emozioni dimenticate anzitempo. E poi i violenti nubifragi dell'anima.

La disumana umanità di chi appare uomo e non può essere uomo fino in fondo, come avverte lo sguardo che guarda senza riempirsi come attraverso una trasparenza vuota. Il contrasto tra la condizione umana già precaria di per sé, che pure è sorridente, e la particolare condizione invece di chi quella condizione non può godere se non marginalmente.

Sopr'a 'sta spiagge,
'unqu'a ddò ti ggìre,
è 'ttutte 'n'alligrìje.

Piffìne li piscitille
sguàzzene contente,
ma quìlle no,
tènne la facce prive di felicità!

'Huàrdene lundàne n'zilenzie,
arencòrrene mille pinziere.

Costretti su una sedia a rotelle, non conoscono se non il sorriso che sorride senza essere contento, se la contentezza sottintende la consapevolezza.

E infine il contatto con la morte, inseparabile presenza alla vita, che già di per sé inquieta l'umana esperienza, e che, pur incombente minaccia, viene per antitesi respinto e relegato, si materializza in modo drammaticamente concreto quando prematuramente esso si avvera nella perdita dei vicini. La vaga paura della morte diviene allora panico esistenziale, inevitabile paura della vita.

Con difficoltà riprendere il cammino e dare ai ritorni periodici ed ai simboli della storia locale la misura rassicurante del contesto nativo. Il pranzo di Natale, nella minuziosa e attenta descrizione di una tradizione secolare, l'avvento dell'anno nuovo, in cui il poeta è riuscito a conservare, non soltanto nel cogliere ma anche nell'esprimere, il candore cantilenante dell'infanzia, il venerdì santo, la processione nei tripodi che riaccende il suggestivo legame dell'anima al sacro ed al profano di un costume consolidato.

La cadenza ripetitiva del ciclo, che è prima di noi e che sopravvive a noi, attua quasi una specie di riferimento atemporale, come se la vita fosse un segmento che comprende soltanto alcune di quelle cadenze, che inducono perciò un senso di protezione, come il rassicurante ritorno del sole ogni mattina.

Perché dovunque, comunque, l'uomo che da un'origine s'incammina e per conquiste relative e per cadute brancola lungo il percorso della conoscenza e si dirama verso orizzonti sempre più allettanti e sempre più insidiosi, si ripiega in definitiva, come intimorito, su quell'origine, in cui si rassicura. E nel conforto, attende.

FRANCO CASTELLINI

L'ultimo sole (Poesie)

Intensi, limpidi, penetranti, i raggi de *L'ultimo sole* illuminano tutta un'esistenza. I recessi del tempo trattengono frammenti di memoria che chiamano passato, e che invece soltanto traducono un decadimento apparente. L'attimo che racchiude l'infinito contiene ogni goccia del mare che è il vissuto dell'uomo.

Nella consapevolezza di un presente che rivendica all'un tempo continuità ed aspirazione, la struttura temporale della silloge, ancorché il senso della ciclicità, esplicita un divenire dinamico che origina là dove termina il trascorso: e cioè un'alfa ed omega *in fieri*. L'esigenza di tanto è implicita nell'adagio dell'*ouverture*, che avverte nel ripetersi di una stagione esaltante, quando sbocciano "le gemme a primavera", il senso periodico della ricerca, il senso cioè del περί ὁδός, del cammino che progredisce nell'accadere di nuovo, e diverso ogni volta. Semmai l'angusto ambito dell'esperienza umana sottrae 'musica e parole', non concretizza il sogno che si perde nelle spirali di un tramonto annunciato.

La misurata compostezza dell'evento, come acquisizione di una realtà in qualche modo vulnerabile, educa e conduce a più tranquille espressioni esistenziali, che paradossalmente originano dal recupero del quotidiano e in esso trovano modo di essere ma anche termine di comprensione, di riflessione, di adattamento all'imponderabile; palesano cioè equilibrio.

E l'equilibrio è la tessitura dell'ispirazione: non acuti di fede, né drammi violenti; non clamori di disperazione, né certezze conclamate; il quieto dire non inganna un pensiero diverso, manifesta invece una non facile conquista di stabilità emotiva e intellettuale e spirituale che non genera stasi, al contrario propone strategie dialettiche che sopravanzano il reale nella sua dimensione accidentale, alla scoperta dell'eventuale trascendente.

La pacatezza espressiva è segno di ordine interiore, di un sentire rasserenato e rasserenante; non risolve certo il mistero, non accede ad una lettura possibile dell'accadere irrazionale, ma predispone ad un ascolto più adeguato, ad una più favorevole riflessione.

Le pieghe della natura, le trasfigurazioni di luoghi, di avvenimenti, le impronte di ricordi irrinunciabili, modellano architetture già stabili per freschezza di linee, per ricchezza di volute, per varietà di fregi.

Affiorano tuttavia qua e là forze centrifughe che costringono ad *un'insonnia / pesa di solitaria tristezza*. Il non più attuabile così come l'ineluttabile evocano malinconie, nostalgie e notti senza luna. Ma lo sconforto,

47

la disperazione non sono paradigmi che la poetica di Castellini coniuga. Il travaglio notturno, che è meditazione più che tormento, converte a mano a mano *in attesa di mattini di luce, / di acque sgorganti la quiete.*

Ma intanto, per i sentieri avversi, negli altalenanti umori dei momenti in cui la vita *giuoca sul bagnato*, quando più avanza la sensazione che *il vuoto segue la promessa*, il poeta affida ai suoi versi *i colori* della storia dell'Universo.

> *... continuerò ad inventare favole*
> *... come un rapsodo dell'antica Ellade.*

Rhapsoidòs è etimologicamente un 'saldacanto', l'aedo errante che cuce e rinnova i passi del sentimento poetico della vita che le labbra consegnano alle labbra nel flusso quasi magico della tradizione orale, ma anche semplicemente un continuatore di miti, un sacerdote del colore, un custode delle illusioni.

È in questo senso che il Castellini è rapsodo.

Egli non ritesse parole affidate alla memoria e riecheggiate con timbro personale sulle modulazioni della cetra, ma canta un universo policromo a dispetto del grigio che appare e pur nella consapevolezza che il sogno

> *può perdere*
> *il mitico splendore*
> *e diventare un cumulo di cenere.*

L'uomo ha bisogno di favole, anche se queste sanno, a volte, di aspro e di morte: il controllo esorcizza la paura – che assume qui dimensioni individuali e cosmiche – e permette di familiarizzare perfino con i fantasmi. Il mondo classico aveva scoperto la catarsi (in altri termini il dominio sulle paure), tramite un contatto frontale con la colpa, se non addirittura attraverso una sorta di diretta manipolazione. Perciò, se la vita è la tragedia *di rito* che ogni giorno il mare consuma *per uomini senza scampo*, non c'è altra possibilità di dominarla che viverla tutta, senza sottrazioni.

In realtà nel Castellini la favola è un misto di elusione e di immersione: desiderio di evasione che matura nell'esperienza più tattile del reale. Spazio che può saziarsi di illusioni come può accogliere *miseria e fame, / tisi e malaria, ... mani rognose / e unghie sporche*. È *il segno della Vita* che si muove *dal fiato della Morte*. Comunque non tanto l'intreccio di un vissuto fantastico, quanto una possibilità di trasfigurazione dell'invivibile per viverlo.

Il poeta percepisce in tutta la sua ampiezza questa dicotomia, questa dissonanza che corrode *il suono che colora la vita*; ne è coinvolto tanto che il disagio si acutizza: *un senso di infinito mi assale, / e di sgomento in-*

sieme. Questa dualità di tensioni opposte sembra quasi non offrire scampo dentro il flusso delle vicende che, se appena sorridono, immediatamente sono contraddette da una piega che irride. A un cerchio d'ala che va a *specchiarsi sul sole* si contrappone subito un nido vuoto, che allude a un'attesa irrimediabile; Hale Bopp sorride nel cobalto della primavera e poi s'attrista e

va morendo senza la speranza
di salutarci ancora;

città che un tempo ridevano

hanno

giardini di pietra
davanti a ville senza più respiro;

la neve prepara

al Messia prima la culla
e poi corone di spine;

il giorno si distende

sui prati
come un foglio di luce…

ma è lacerato da un grido; un tempo è di *fiabe che svolazzano,* un altro è *di lampi e grandine.*

Placido o tempestoso, bello e mostruoso, il conflitto già romantico e più drammaticamente decadente tra il crudo reale e il sorridente ideale, i pascoliani rami d'oro che urtano nel cipresso aggredito dalla bufera, hanno dunque riscontro anche nelle liriche castelliniane; qui la possibilità di conciliazione è affidata ai supporti, seppure instabili, del sentimento religioso:

poco vale una corona
in mano… ma domani, forse sarà diverso: sacrifici
e penitenze apriranno a un altro regno.

Il cammino di fede non è continuo né lineare, forse, consciamente, non vuole neppure essere un cammino; e tuttavia il poeta avverte che il *"ricoverarsi sotto le grandi ale / del perdono d'Iddio"* (Foscolo) ha all'interno del conflitto l'assioma della pace; la notte *"viene tra spirali di quiete /*

se la coscienza è con Dio". Questa presa d'atto, questa premessa genera dinamiche insospettate; nascono versi di eleganza formale che specchiano nobiltà di pensiero; la poesia si scioglie in preghiera.

> *E Tu, sommo Dio, prendimi*
> *occhi, mani, cuore,*
> *aiutami ad accendere*
> *la mente, e fa che aiuole di pace*
> *profumino dell'eterna bontà.*

Alle soglie dell'infinito urge la verifica; non un calcolo definitivo e asettico della propria storia, quanto piuttosto un sentire più vulnerabile eppure più sereno, più solitario eppure più cosmico, un ri-proporsi in termini di sintesi, nel *continuum* della ricerca *fino all'ultimo steccato*. Un percorso antico, per rintracciare i propri pensieri, "*cocci rotti / che stento a riunire nel tempo*"; un recupero di stagioni promettenti, di

> *giuramenti vaghi*
> *a trepide ragazze tinte di sogni e di vita;*

e ancora

> *momenti di gioia*

e

> *ore vissute*
> *in solitudine fra tristezza e delusioni.*

E poi *giorni di pioggia* e notti stellate che parlano di un mondo diverso; e montagne azzurre dove rinvenire il

> *sembiante dei nonni,*
> *di papà, degli amici.*

E la compagnia del silenzio che compone nell'universo che contiene un quanto di inespresso verbalmente perché più profondamente vissuto, sentito, esplorato; il silenzio è la dimensione alla quale si accede quando termina l'esperienza comune; nel silenzio è possibile attingere la luce, mitigare le angosce, le delusioni; il silenzio alimenta il canto della natura.

E non ultimo, anzi centrale, l'amore per la propria compagna, integro nel tempo, dolcissimo, unico e irripetibile nel nome scritto *su quelle colline azzurre, di là / dall'infinito*, un amore che vibra negli sguardi *ancora come allora*: la rima interna riecheggia il suono e il tempo ripete l'amore, e come un tempo il vento darà armonia alle parole e velluto alle carezze.

Il vento che nel movimento trova vita perenne e appare negazione assoluta della morte, il vento che è la forma e la sostanza dell'illusione, o la vita stessa nella sua natura illusoria. Nato con le stelle, le lune e l'acqua, esso s'accompagna ai pensieri e coglie delicatezze, slanci e sentimenti; sopravvive all'uomo nei secoli e conosce il destino delle comete; è specchio dei moti dell'anima; aleggia sui ruderi, *lima* gli oceani, *inventa tremolii*, *rivede* il passato; sostiene l'anima delle foglie e detta il ritmo all'erba che *danza da millenni / il tango della vita;* conosce regioni

> *dove la neve non ghiaccia*
> *il cuore*
> *o dove i solchi del deserto non*
> *crescono l'arsura per*
> *morire; dipinge colori.*

Pure non si sottrae a momenti di ambiguità: ha quasi un suo negativo che gli fa da contrappunto e che più schiettamente svela la sua natura: quel vento che ruba le nuvole o s'accanisce a sferzare la sorte avversa degli uomini, o corrode i muri delle case, o scuote l'anima, o subisce i graffi delle rocce o gli schiaffi del mare. La vita non può, talvolta, non essere presente alla vita, l'illusione non può dissipare il velo per uno sguardo disincantato.

Di fronte all'ineludibile, il Castellini frequenta le strade della pacata protesta, che affiora qua e là in sommessa ed amara ironia o in improvvisi espedienti stilistici, quasi crepe vistose in un tessuto linguistico altrimenti spontaneo ed omogeneo, lontano da ricercatezze lessicali, in cui la forza espressiva è riposta nel gioco delle metafore, in accostamenti insoliti di parole che generano semantiche nuove. Lo stesso autore sottolinea certe scelte particolari con l'uso del corsivo: neologismi strani, vocaboli desueti, o voluti scambi di funzione.

Rientrano in quest'ottica anche certe durissime fratture nell'andare a capo, che lasciano alla fine del verso una congiunzione sospesa, una preposizione isolata, un articolo disarticolato, una locuzione che non si completa, un pronome che introduce una subordinata; e forse anche qualche andamento prosastico che si sfila dal ritmo della poesia.

Il quale risulta da un verso sciolto da qualunque rigida norma metrica e segue i moti dell'anima, dando origine ad una cadenza che frequentemente si spezza, in mutevoli ampiezze di respiro che inquietano la musicalità, ma assecondano in pieno l'intima esigenza dell'autore di cambiare passo.

51

Infine un tragitto lirico, attraverso dubbi che macerano e lampi che rivelano, porge comunque al poeta una dimensione di sé, gli indica un approdo. Così dai versi del Castellini prende forma l'uomo, che si sforza, cade, riemerge e può anche cantare le note del suo andare.

Di confine in confine, attraverso distese che danno sgomento e desiderio, aperte ad orizzonti irraggiungibili, l'uomo è l'ala di rondine che s'immerge, che inventa percorsi senza solchi, li perde e li ritenta, e non cede, che confida *sul suo garrire fresco d'oltre mare.*

E sa che la vita è un giorno, e che ogni giorno ha un crepuscolo.

Ma non ci sono anni che velino allo sguardo il colore e la bellezza, oltre l'affanno ed il dolore. Non ci sono intervalli che distacchino dalla passione dell'esistenza, dalla sofferenza e dall'emozione di vivere.

Crepuscolo... e forse l'anima è stanca: però raccoglie la luce che il cielo le versa fino all'ombra.

La mente innamorata (Saggio)

La conoscenza è rivelazione e ricerca, intuizione e verifica, fino all'immedesimazione, in una sorta di empatia con l'oggetto prima vagamente percepito, poi scoperto.

La critica – nel nostro caso quella letteraria – è un processo conoscitivo. Per di più implica una decifrazione che va oltre la semplice sperimentazione capace di comprovare un'ipotesi.

Un poeta, come ogni uomo, ha della realtà una propria personale versione: a differenza degli altri uomini, la esprime. Ora, dare forma, misura, senso, bellezza al vedere ed al sentire, rispecchiandoli in modo il più possibile fedele, impone una tensione artistica di rilevante spessore, soprattutto in funzione della natura particolare e sfuggente dello strumento comunicativo usato.

A maggior ragione risulta improbo il lavoro del critico, di chi non solo deve presagire e trovar riscontro, ma scendere addirittura nella dimensione di un'anima attraverso i codici del *significar per verba*.

Per non dire, infine, dei tragitti impervi e rischiosi della "critica della critica", l'indagine sullo sforzo di un'anima che inquisisce l'anima e il modo di un'interpretazione estetica del vivere e che quell'ottica deve valutare secondo i criteri di un'universalità del bello, già di per sé così problematica.

Questo non per sottrarci a un tentativo di lettura e di decodificazione, ma per anticipare la relatività di qualunque nostra conclusione. Del resto la storia della critica è piena di assunti smentiti.

D'Angelo si cimenta con un poeta versatile e sfaccettato, la cui attività artistica si snoda lungo un arco di tempo che attraversa un secolo, con tutta la complessità e la difficoltà di scandaglio che questo comporta. Non intende essere esaustivo e definitivo di fronte alla mole cospicua dell'opera luziana, peraltro ancora immersa nella veste mimetica della contemporaneità, che sempre difetta della visione prospettica e comparativa e del distacco sereno dello sguardo distante. L'autore del saggio manifesta invece con chiarezza il suo intento di *cogliere, documentandoli, alcuni aspetti genetici ed evolutivi della poesia luziana*, e di *rendere giustizia alle sillogi meno considerate*. In questo può aggiungere inediti elementi alla conoscenza del percorso poetico ed esistenziale di Mario Luzi.

Il critico dunque persegue una sua linea di condotta, la risultante cioè di scelte che sottendono un *unicum* che è cultura, sensibilità, senso estetico e non da ultimo vissuto esperienziale.

L'arte pretende universalità e si offre ad una variegata ampiezza interpretativa. Il linguaggio è unico, ma anche il ricettore è unico. Non si dirà che la lettura della Nona Sinfonia di Beethoven di Massimo Mila sia la strada della verità! È una via possibile, uno stimolo intenso.

Per questi motivi credo che la via migliore sia quella non di analizzare i contenuti in riferimento ad un pensiero oggettivo, quanto piuttosto alla luce dei presupposti della ricerca soggettiva.

In questa ottica l'*iter* interpretativo di D'Angelo ha un chiaro riscontro del *modus agendi* nella sua introduzione, attraverso una sintesi chiara del suo procedere, quasi decisiva per il lettore neofita che avrebbe altrimenti difficoltà non facilmente superabili di fronte ad un'analisi da specialisti. La precisa collocazione che l'autore stesso dà delle sue scelte conduce ad una favorevole acquisizione del tessuto esegetico su cui il saggio si snoda.

Tre tempi di meditazione, tre momenti esemplari che raccolgono sorgenti e flusso di una richiesta esigente ma che nel contempo non tradisce linee di condotta consolidate. Ci riferiamo a taluni assunti, a volte di effettivo recupero di elementi portanti, a volte di ferma aderenza ad una critica più serena e direi consapevole, che, sulla scia ad esempio di un Verdino, flette la 'definizione' ad un più ampio respiro dialettico, dove l'evoluzione esistenziale e poetica avocano un universo composito non riducibile ad un arido esercizio di scrittura corroso nei limiti dell'etichetta.

D'Angelo intuisce chiaramente quella che lui stesso definisce la 'complessa dinamica dell'evoluzione luziana'; avverte le forme e i movimenti di questa pluralità nel multiforme dispiegarsi di un linguaggio al quale rivendica un ruolo epicentrico; individua componenti che declinano facili tentativi di catalogazione, fino a presentare difficoltà di omologazione all'ermetismo' di *La barca*, opera prima di Luzi.

Questa posizione, per certi versi originale, è suffragata da una lettura puntuale che riconosce a questa opera un microcosmo *in nuce*, l'embrione di larga parte della successiva evoluzione, anche se per un altro verso, come suggerisce Quiriconi nella Prefazione, tale supposizione attenua forse la significante valenza ermetica delle origini. Oltre ogni disputa di giudizio è qui significativo enucleare questo presupposto fondamentale che non si rileva soltanto nel tracciato critico di D'Angelo.

Un presupposto che è radice identificativa di un continuo rinnovarsi del poeta fiorentino pur nella fedeltà alle scelte di fondo. Una duttilità intellettuale e artistica sottovalutata da buona parte della critica all'indomani della grande guerra.

Scrive Verdino:

L'accantonamento sbrigativo dell'ermetismo nel dopoguerra accreditò altrettanto presto l'immagine di un Luzi epigono di una stagione scaduta, senza tener conto di quanto il poeta andava nel frattempo elaborando;

e ancora più oltre:

Così negli anni Cinquanta i neorealisti e negli anni Sessanta i novissimi valutavano la poesia di Luzi come il fondo di una pagina da voltare, secondo la perfida espressione di Sanguineti, mentre al contrario l'elaborazione della poetica dell'autore fiorentino andava preparando una svolta radicale, tale da restituirlo – in barba ai suoi troppo impazienti obliteratori – come uno dei principali interlocutori dei più giovani poeti dagli anni Settanta ad oggi.

D'Angelo fa propria questa lezione, la filtra attraverso le ottiche del suo obiettivo sensibile prima che critico, perviene ad un sistema dinamico 'border line', sempre cioè al limite dello sconfinamento. L'equilibrio instabile è conseguenza di una onestà di percorso dettata dal bisogno, come afferma lo stesso autore, "di considerare 'dinamicamente' la silloge, evitando quindi troppo schematiche liquidazioni e ancor più 'miopi' incensamenti". Dunque il presupposto è ineccepibile, coraggioso, audace, ma anche pericoloso. Il debordare è azione scomoda, soprattutto se a danno di uno *statu quo*; e allo stesso tempo può essere azione che si carica costantemente di particelle negative proiettate da un entusiasmo non misurato che conduce inevitabilmente ad un corto circuito.

La tensione critica di D'Angelo tuttavia non insegue aridi accademismi che impongano approcci e soluzioni in forza di un intrinseco carisma; egli persegue piuttosto la forza dell'argomentazione che si articola nell'attenta riflessione delle fonti, nella raccolta di elementi che suffraghino l'adagio ostinato' del tema centrale.

Interessante, ci pare, "la cartografia dei rapporti luziani con le più tipiche esperienze del nostro secolo" che D'Angelo disegna, soprattutto per l'esclusione della relazione, da taluno intravista, del mondo luziano con quello montaliano, incompatibili certamente per l'antitetica visione del mondo e non sovrapponibili per le scelte formali.

D'Angelo è attento ai diversi contributi rintracciabili nell'opera luziana, eredità che talora scopre di natura filosofica, tal altra inerenti alla poetica e al tradursi formale delle concezioni sull'arte, e di cui sa cogliere le sfumate incidenze sulla più o meno consapevole elaborazione artistica del poeta toscano, nel vaglio degli apporti critici più rilevanti, non prescindendo naturalmente dalle fondamentali riflessioni dello stesso Luzi, che accorda felicemente nella sua indole la sensibilità dell'artista e la lucidità del recensore, e mai sembra tenero critico di sé. E dall'analisi di ogni rinvenibile influenza, di ogni reperibile sedimento che nei crogioli dell'anima e della mente si è fuso e confuso, assimilato, ed ha trovato sbocchi di novità per un originale filtro, egli riesce a dare contorni più definiti all'oggetto della sua disamina.

Può sembrare artificioso far convergere in una voce echi tanto disparati, per cronologia o per nazionalità, o per mondo interiore, dai classici dell'antichità ai contemporanei, da Eschilo o da Virgilio e Lucrezio, a Dante, a Novalis e Hölderlin, a Foscolo e Manzoni, a Ungaretti, per non citarne che alcuni: ma questo, oltre a decretare uno spessore artistico, rafforza la convinzione che la poesia travalica barriere di tempo e di popoli, e confini spesso fittizi tracciati fra le anime. Luzi è letterato di folte conoscenze e di ricca interiorità: non sembra perciò inopportuno, ai fini di una più corretta comprensione della sua opera, rintracciare nella sua esperienza letteraria le orme di ogni possibile influenza.

Così divengono illuminanti le analisi dei contatti con gli esponenti più considerati delle sfaccettate tendenze del Decadentismo, dalle voci di fine Ottocento al Crepuscolarismo, all'Ermetismo e oltre. Il confronto con poeti come Onofri, Rebora, o Campana, non vuole sminuire o enfatizzare il valore di Luzi, ma più semplicemente dargli contorni più nitidi e individuanti, per una collocazione più consona e appropriata.

Non si sottrae D'Angelo alla confutazione di quelli che a suo parere sono rilievi critici un po' sbrigativi e denigratori, come il parere di Fortini, che rileva poeticismo ed incertezza nella silloge *La barca* a partire dalla metrica "lassa... e accennante a echi popolareschi": e sa addurre probanti argomentazioni, magari da un'angolatura da quello non considerata.

Comunque, per quanto concerne la tendenza del verso moderno vogliamo permetterci di avanzare un'obiezione del tutto personale in questa sede: noi non siamo per l'abuso di quella che potremmo definire con un paradossale ossimoro *ritmica aritmia*, non propendiamo, cioè, per il ritmo eccessivamente spontaneo e gratuito: perché se è vero, come afferma Pound, che il poeta non deve sottostare ad un metronomo, è altresì inconfutabile che il genere della poesia si qualifica rispetto a quello della prosa per la metrica. Non parlo naturalmente di poesia come idea, come valore universale, di cui anche le pagine della splendida prosa Manzoniana sono traboccanti. All'interno di misure solo apparentemente rigide, nella scansione di battute dalla durata inviolata, Bach, Mozart, Beethoven hanno espresso immortale poesia. Perciò, se l'etimologia della parola ritmo suggerisce nella radice SREU, sopravvissuta nel greco ῥέω, la semantica dello scorrere, facciamo che questa corrente non diventi un fluire indiscriminato, senza passo, il facile espediente che a troppi permette di dirsi poeti!

Tornando all'autore del saggio non possiamo certo sostenere che nel tentativo di difendere la prima raccolta luziana si pieghi però alla piaggeria, visto che del florilegio evidenzia senza tentennamenti l'"angustia dialettica", scaturente, a suo dire, da un bipolarismo un po' schematico e giansenista "sotteso al rapporto tra fede e natura", in cui questa, pur nel suo incessante divenire, appare "minata da una tara irredimibile". Il che produrrebbe un tono generale che finisce per ridimensionare la scelta corale, inibendo il colloquio con le creature, versate "in una risacca iconografica dal colorito fin troppo prevedibile".

Il percorso critico successivo ad *Avvento notturno* presenta frequenti tentativi di seduzione teorica che, se pur assolve a legittime aspettative semiologiche, rischia di frammentare il tracciato artistico-esistenziale. Che peraltro acquista rinnovato vigore nella resa, dialetticamente pregevole, dell'alternanza ottica del pronome personale che si risolve infine nel tu "capace di aprire, dialettizzando – scrive D'Angelo – la monade lirica", fino ad identificare il tu luziano come "un'istituzione, ma della grammatica mentale, del particolare modo tenuto dal pensiero nell'intenzionare l'altro da sé, ovviamente in sede di formalizzazione linguistica".

Anche la componente allegorica è detersa da possibili enfasi teoriche; nel contestare l'intervento di Giuliani su *Onore del vero*, D'angelo rivendica la "natura 'medianica', dunque funzionale" dell'allegoria luziana. La figurazione converte paesaggi, atmosfere e folle in elementi di riflessione, spesso angosciosa, della natura dell'uomo, e ne sollecita la dimensione trascendentale.

D'Angelo sviluppa i momenti dell'evoluzione percorrendo rasente le increspature del tragitto, ne avverte le dinamiche singole e le assomma in paradigmi complessivi, esemplifica i tempi tematici, semantici e strutturali con un incedere teso che distilla materia eterogenea in risultanze organiche. Sono presenti risonanze, novità "timbriche" e "ideologiche", soluzioni formali, movenze di stile e di figure, prospettive e passaggi di accenti, modulazioni e ritmi. L'architettura luziana è troppo composta per essere disegnata in così poco spazio; e tuttavia la leggerezza del tratto non impedisce di individuare più di una struttura portante. La sintesi è nell'apprezzabile assunto finale del secondo capitolo. Scrive l'autore:

il vero contenuto della poesia di Luzi è la vita in tutti i suoi aspetti stabili o mutevoli: perciò ogni conquista formale pone già le premesse del proprio superamento. Neppure l'anonimo e grigio purgatorio di *Onore del vero* sfugge a questa norma.

Gli esiti aprono a discussioni, a convalide, anche a revisioni; ma sempre è presente e innegabile lo spirito libero che tenta l'indagine fuori dagli schemi, e che la lingua rispecchia fedelmente nel moto di inconsuete figure sintattiche e lessicali o nella stabilità di blocchi di pietra appena modellati, ma ricchi di stilizzati stilemi interpretativi.

Qualunque teoria dell'arte, e dunque anche un modo di intendere la poesia, non può sottrarsi alla scelta consequenziale degli strumenti del fare. Il poeta elegge uno stile e si avvale della lingua in modo congeniale al proprio intendimento estetico: la forma diventa in tal senso, ed a pieno diritto, sostanza, al punto che certe varianti nella stesura di un componimento possono risultare determinanti ai fini del risultato poetico.

È per questo che, a nostro modo di vedere, D'Angelo molto investe nell'analisi stilistica e metrica, intuendo che nei modi e nella cadenza del canto può rinvenire il timbro e l'estensione della voce. Né potrebbe essere diversamente, se è vero che il tramite della comunicazione è sempre un linguaggio. Sicché risulta senz'altro apprezzabile il percorso lungo cui egli si muove per poter pervenire alla dimostrazione della "centralità" (non per cronologia, s'intende, né per pregevolezza artistica) della raccolta *La barca*, nella parabola della poesia luziana.

Il suo tentativo, pur fremente di giovanili impazienze e forse eccessivamente incline, nella forma, al vocabolo ricercato, quando non coniato ex novo, e ad un'esuberanza immaginifica del figurato, che turbano la lucida evidenza, ha perciò il merito di dare luce più viva al ruolo precursore, sia per contenuti che per fogge, dell'opera prima di Luzi e di giustificare nella trama della di lui produzione un libro come *Avvento notturno*, cosa che del resto, nella già citata Prefazione, fa notare lo stesso Quiriconi.

Con il quale noi condividiamo l'attesa di una prosecuzione e di un approfondimento dell'indagine avviata dal giovane critico, in una dimensione corale che ricalchi la concertazione del direttore d'orchestra, con l'aderenza fedele al testo, la sola in grado di ricondurre la ricerca nei sentieri dell'arte attraverso una fase interpretativa capace di tradurre il silenzio delle note in armonia universale.

La Principessa dai mille mondi (Favole)

Scrivere favole… raccontare la realtà attraverso il sogno, il fantastico, l'immaginario, come avvertire appena una galassia e volerne intuire ogni piccola regione. La favola ha un potere evocativo che traduce l'esistenziale in simboli e i simboli in una dimensione altra, speculare nella traslitterazione. Tutto procede all'interno di una sfera onirica che non rinnega la componente realistica, semmai la trasfigura in una modalità più consona ad una elaborazione infantile, che renda plausibile anche azioni violente, a volte crude, mai gratuite, che è poi parametro della tradizione.

Giuseppe Diodati percorre questi sentieri con sapienza ed originalità.

Sapienza nell'uso equilibrato delle strutture portanti nelle favole di più ampio respiro come in quelle brevi, in entrambe le quali l'elemento fantastico si alimenta e si scarica, quasi in perenne dissolvenza, all'interno di avvenimenti del quotidiano, quando non di richiami ad una memoria storica che va preservata (*La favola di Isacco della baracca 27*). Sicché Alice diviene protagonista de *La principessa dei Mille Mondi* mentre sta andando ad un importante colloquio di lavoro, e le accade tutto così naturalmente che, nello sviluppo articolato, la favola, così lontano dalla realtà, sembra esserne sempre un po' disturbata; mentre Annaluna, eroina di *Annaluna e la pietra magica*, stempera il riferimento puntuale in un rimando transitorio che traspone l'attuale con un passato recente come recupero di una trascorsa possibilità, un ritorno, poco importa come, alla giovinezza perduta nell'incessante divenire. "Qualcosa le è sfuggito dalle mani, una cosa chiamata gioventù".

Una siffatta tipologia sottende, anche se in misura meno dichiarata, ogni pagina del libro, pure quando i riferimenti al reale sono apparentemente assenti. I valori che le favole propongono soprattutto nella sintesi conclusiva, che esemplifica il presupposto della narrazione, procedono sui binari di un magistero concreto, che indirizza ciò che la fantasia ha costruito, nell'ambito del quotidiano incedere.

Ancora sapienza nel tratteggio dei personaggi, essenziale quanto esaustivo nella purezza d'immagine, sia che essi provengano dal mondo animale, sia che conservino le caratteristiche dell'essere umano. Un universo composto nel quale ogni aspetto dell'esistenza si rivela nelle sfumature più consuete come anche nei percorsi meno battuti, nel concreto di una analisi compiuta. A volte, e in special modo nelle favole brevi, sono gli elementi stessi della storia che sopravanzano i protagonisti non per una modifica di ruoli, quanto piuttosto per una ricerca di espedienti che muti il rassegnato, comune senso dell'ineluttabile o quanto meno di un modo di pensare che esclude la scelta.

In questo ambito si afferma la presenza del numero 3 quasi esemplificazione in chiave esoterica di una dimensione che coniuga, con la sostanza favolistica, il mistero e il divino, l'energia e la perfezione. E in effetti *La favola del regno dei tre confetti* racconta di un Regno in cui ogni aspetto è talmente perfetto che gli abitanti non vorrebbero mai morire. Sicché l'effetto placebo dei tre confetti che contengono il siero che prolunga la vita, oltre a mitigare l'unico segmento inquieto, diviene sorgente di crescita mentale. Ne *La favola dell'albero dei tre cedri* se l'equilibrio della scelta ternaria appare meno compiuto, di certo una forza misteriosa attrae Neveda verso il terzo cedro che la "fata degli amori" nemmeno vorrebbe che prendesse in considerazione, in quanto rovesciamento di valori fittizi di una società in disfacimento. Mentre le tre mele de *La favola del vagabondo* conducono verso un approccio metafisico attraverso una sottile trama di richiami immanenti che elabora, nella composizione breve, gli ingannevoli compromessi del quotidiano.

L'altro aspetto rilevante è, come si accennava, quello dell'originalità, non già intesa nella valenza semantica, quanto piuttosto come atteggiamento dialettico con la tradizione in un contesto di ampiezze, di intuizioni e di metafore capace di creare microcosmi compiuti, come ne *La favola del mondo di vetro di Giuseppe* nella quale, tra l'altro, "Mamma" diviene esemplificazione dell'avvento, ma anche dell'esperienza esistenziale. E ancora *La favola di Isacco della baracca 27*, nella terrificante tragedia umana dell'olocausto, traduce l'assenza totale della sfera sensibile e della ragione in un affresco in divenire che riesca in qualche modo a colmare l'immensa offesa alla dignità dell'uomo.

Micro-universi che sono racchiusi anche nel mondo interiore dei singoli protagonisti e che a mano a mano si evidenziano in tutta la loro ricchezza intrinseca ed esperienziale, quasi a costruire un mosaico di grande spessore spirituale nel quale la singolarità di ciascuno è tessera indispensabile alla concretizzazione dell'opera d'arte.

Originalità anche nei transiti inusuali di una ricerca che conduca le due sfere di riferimento, quella reale e quella fantastica, in una sorta di straniamento per cui il dissolvimento dell'una scompone ma non disorienta l'ordine predisposto, e viceversa. Un gioco di rimandi che rende la realtà favola e la favola realtà. Come nel caso di Alice, in cui l'effetto estraniante si attiva al suono magico di un nome, "Gamel Kail", col quale viene chiamata da una giovane zingara; o nel caso di Annaluna, in cui la chiave del passaggio è racchiusa nei poteri temporali di una pietra prodigiosa.

All'interno di questi piani articolati, *Le avventure di Draghetto* costituiscono, quasi raffigurazione di una saga *sui generis*, un ulteriore, efficace riscontro di come Diodati sappia dominare una materia composita e plasmarla negli ambiti di una semplicità, elementare forse, mai banale, che distribuisce chiavi di interpretazione decisamente comprensibili. Facilità di lettura che media trame non sempre lineari con un linguaggio *naif*, non di rado anche irriverente da un punto di vista letterario, ma forse proprio per questo carico di forza comunicativa per l'immaginario infantile. Un uso del periodo molto personale, in cui il costante ricorso alla frase concisa crea energia suggestiva, e un traslato metonimico, in cui il bambino evidenzia in modo indelebile la caratterizzazione, sono elementi essenziali della narrazione.

La quale, pervasa da un senso inarrestabile di malinconia, pure custodisce tratti di autentica poesia, che trova la sintesi nel Cantastorie di *La Bambina donna che sa volare*, quasi retaggio di una trasparenza autobiografica che ferma lo smarrimento nello stupore del Vagabondo, di Giuseppe, di Isacco per ricomporre i termini di un naufragio che vale la pena avere affrontato.

Su tutto e su tutti domina il sentimento paterno dell'autore, uno sguardo affettuoso sui personaggi che disegnano la vita per riprendere, di generazione in generazione, il cammino di conoscenza e di tensione verso l'orizzonte inesplorato del senso dell'esistere.

Un abito qualunque (Poesie)

Una serena inquietudine incide, seppure sottovoce, il cammino di esistenza e di arte di Elena Malta. Nell'apparente contrasto semantico si genera una forza descrittiva ed emozionale che sopravanza l'ordinario e proietta il verso oltre la sfera del banale nel quale il titolo della silloge (*Un abito qualunque*) vorrebbe in qualche modo costringere.

Si aprono nei versi di Elena Malta *sguardi ampi / di azzurro*, riverberi di un vissuto e di un presente mai in contrasto speculativo, seppure qualche volta dialettico, a riaffermare che l'esperienza è maestra di vita, ma pure che quell'esperienza suggerisce e rimanda al tempo attuale. Un'architettura elementare, nel senso di convergenza degli elementi, poggia su strutture portanti che sono sintesi e paradigma del percorso, stagioni di un sentire profondo, icone trasparenti di una sacralità consueta e straordinaria allo stesso tempo. Non sono tessere, quanto mosaici compiuti, aspetti di uno stesso microcosmo che dettano la scansione filosofica, ma anche concreta, tangibile, razionale di un itinerario che contiene, in frammenti omogenei, il senso dell'esistere. "Stili di vita", "Per altri domani", "Dalle stagioni", "In questo cammino", "Il sorriso breve". Questi sottoinsiemi contengono già nell'intestazione echi di un divenire poetico che si afferma con energia verso dopo verso, come ammassi celesti che esplodono in nuovi sistemi.

Modalità di un quotidiano consueto, anche se affatto personale, interagiscono con itinerari altri, attimi di un sentire diverso, discorde dal canone, alla costante ricerca della luce che sola scontorna il tempo dal buio dell'esserci. E allontana la paura di perdersi

> *... di notte*
> *quando*
> *non c'è stella*
> *a pulsare*
> *distanti*
> *bagliori*
> *dal profondo*
> *del buio.*

Luce che orienta, che trova spiragli nella notte, che libera affreschi alla natura, luce che *fa reggia una capanna / nella scia di una cometa*. E nei riflessi delle stelle, così ricorrenti nelle poesie di Elena Malta, avverti un riverbero interiore che è dialogo e assunto, immanente esito corale e urgenza di un respiro trascendente che trae origine dai presupposti di una fede profonda, testimonianza d'amore, che trasforma

la nostra polvere
in preziose stelle
pulsanti luce
sul nostro cammino.

E il vocabolo 'pulsante', che ritorna, esemplifica il moto incessante della vita, ma anche l'interazione terra-cielo, la ricerca faticosa, non di rado però anche gratificante, delle dinamiche di un'esperienza irripetibile perché unica.

Nelle due dimensioni di questo palpito si snoda la poetica di *Un abito qualunque*. La sfera terrena poggia su un incontrastato dominio della natura che si esprime in tutta la sua magnificenza, nel policromo incastro degli elementi tutti che investono i sensi in una percezione che non è soltanto visione ed ascolto, ma simbiotico dialogo con l'anima attraverso i modulanti accenti delle stagioni; dagli *scenari / distillati / d'estate* al *freddo* che *ghiaccia e nega … tutti i colori / del mondo;* dal *vento / leggero / che s'alza / pettegolo / a raccontare / ciarliero / le storie / delle rose / di rovo*, all' *effimero scherzo / di luci* delle stelle cadenti; all'ultima foglia che si ostina aggrappata lassù al ramo lontano dell'acero e resiste nonostante il vento pungente d'inverno

per un altro
sorriso
di sole

per un altro
squarcio
di cielo

per un altro
respiro ancora
di tempo.

Attimi di un sentimento comune, simboli e codici che riaffermano con forza la storia dell'uomo come espressione centrale della natura stessa. Dalla quale l'uomo attinge linfa vitale, ma non ottiene risposte alle istanze dello spirito.

La dimensione metafisica allora apre ad un percorso, certo non lineare, verso una prospettiva di fede che non è fredda, disattenta acquisizione di un credo, quanto piuttosto ascolto consapevole di una richiesta interiore che, lasciati gli ormeggi, non naufraghi in un silenzio di attesa. Il cammino faticoso, disseminato di pesanti fardelli e di notti senza luce, almeno apparente, rende incomprensibili taluni accessi e ritarda spesso il passo anche per l'insistente sollevarsi di una polvere che chiude gli occhi alla meta. E la preghiera si fa espressione di un linguaggio essenziale che chiede dialogo e comprensione nella consapevolezza di uno *status* di costante turbamento, gravido però di speranza.

> *A occhi chiusi, Signore,*
> *eccomi davanti a te*
> *con i problemi pressanti di sempre,*
> *polvere nella tazza...*

Nel continuo, impegnativo superamento delle difficoltà cresce a mano a mano il senso dell'offerta come momento ineluttabile di una scelta ancora acerba, vacillante, ma che nella verifica si fa umile richiesta e acquista forza salvifica.

> *Tu vuoi che io al buio*
> *mi alzi e creda*
> *nuova la speranza*
> *dei miei passi verso Te*
> *senza vederti*
>
> *e che oggi creda*
> *nel segreto del cuore*
> *che è lì da Te*
> *l'alba chiara per me*
> *del nuovo giorno.*

Il cammino di fede contiene a tratti rimandi al mistero della croce; il velo che deterge, il cireneo, il *calice / sulla tavola imbandita / per l'Ultima Pasqua*, sono molto più che simboli: hanno, nella loro specificità, un valore catartico che è riferimento imprescindibile per attingere l'acqua che redime e offrire al Signore *tutto quello / che nega e violenta la gioia / e l'annega nell'ansia continua*. E la reiterazione del "tutto quello che", modula ogni volta in tonalità diverse ma nell'ambito di uno stesso impianto armonico, rafforzandone l'inquieto andare. Il quale risolve nell'avvertita percezione di un progetto divino che riconduce verso gli equilibri dello spirito.

Alla luce di queste due strutture portanti, natura e trascendenza, acquistano forma e contenuto gli altri elementi della poetica di Elena Malta: i giorni del vivere comune, gli affetti, i sogni, le aspettative concrete, gli altri domani, le vertigini del tempo. Proposte e sintesi, consapevolezze e dubbi, richieste ed aperture, strumenti di una dinamica composita che è in definitiva essenza dell'anima, sussurrata confessione di un accadere che plasma la conoscenza e nello stesso tempo rivela gli aspetti più riservati della personalità, che affermano semplicità, affabilità, tenerezza. E la vicenda umana di Elena Malta percorre direzioni di serenità e di tensioni, passaggi insoliti e consueti accenti e frammenti di memoria che compongono i momenti di intima assonanza del focolare domestico, nelle molteplici implicazioni che ogni affetto comporta. E le singole voci dei familiari, ciascuna delle quali porta impressi i segni caratteristici di un rapporto esclusivo, fondono in una coralità dove le voci dispari non specificano diversità di livello emotivo, ma vanno a collocarsi in una verticalità che è armonia, consonanza, e in definitiva concerto. Fino all'Adagio, di lirica compostezza, di *Colorare la vita*, dono alla madre di poesia e di vita.

Abbiamo raccolto
io e te, insieme,
le foglie purpuree e d'ambra
degli aceri splendenti
d'autunno
e i grani di oro e rubini
del mais e dei melograni
e poi le bacche
arancio e vermiglie
del pungente rovo invernale
e abbiamo danzato insieme
il profumo dei giorni.

Di mano in mano (*Mani*), di carezza in carezza (*Carezze*), di voce in voce (*Voce recitante*), di parola in parola (*Parole*), il pensiero si libera dei recessi di un silenzioso isolamento per farsi testimonianza tangibile in funzione della quale Elena smette gli abiti più belli per tornare ad indossare *un abito / ... qualunque*, che è poi l'assunto della silloge:

E che altro
potrei
volere
indossare
se
grande
è

il peso
di un giorno
e manca
la traccia
di un
sorriso?

Dunque l'aggettivo indefinito non dichiara l'assoluta indifferenza nei confronti di una realtà inaccettata, quanto l'inevitabile smarrimento di fronte ad un quotidiano reso ancor più difficile dall'assenza anche di un solo momento di felicità.

Il tratto stilistico della silloge è un affresco policromo nel quale ogni colore detiene una sua peculiarità, prima di fondersi in combinazioni mai banali, a volte originali. L'equilibrio è l'elemento costante che detta la scansione della forma intesa nella percezione globale. Il senso musicale del verso risiede non già nella scelta di una metrica 'costretta', ma in una struttura libera, che gravita attorno ad un andamento ritmico di rilevante costruzione, grazie anche ad espedienti di grande suggestione: versi nascosti, rime interne, reiterazioni, *enjambement* del tutto singolari. In *Fiore reciso* l'accentazione molto curata e l'uso ricercato della parola generano il fatto musicale nella sua totalità. In *Lasciati amare* il settenario, qua e là dilatato o contratto, mantiene una misura elegante, priva di retorica. In *Voce recitante* il verso sembra rompere la serratura tonale, quasi per un tentativo ludico, e percorrere sentieri diversi. Anche il linguaggio figurato, ove presente, solca i canoni paradigmatici del genere.

Eppure il primo impatto con la poesia di Elena Malta lascia letteralmente con il fiato sospeso! Un elemento straniante sembra nell'immediato non rispondere ad alcun principio: la quasi totale assenza di punteggiatura lascia interdetto il lettore. Tuttavia ad una lettura più attenta e libera da pregiudizi, questo elemento può celare un fascino particolare ed avere anche un valore estetico, a patto che le pause, i silenzi, le sospensioni non si attuino in maniera arbitraria. Sicché non è impossibile rintracciare nei versi i differenti momenti della creazione poetica, né gli sviluppi ritmici. È come se un musicista non apportasse alla sua composizione alcuna indicazione agogica: l'interprete, sempre nel rispetto testuale, avrebbe più ampie prospettive di interpretazione.

Un abito qualunque affida alla ricerca del lettore un messaggio di speranza, apre le porte ad una concretezza dove il silenzio trova vibrazioni nuove, in un divenire che, attraverso impervie ascese e debordanti cadute, mostra spiragli di redenzione. E nel dolore rintraccia *bagliori / d'aurore boreali*.

Lungo questo fiume

Tracce e attesa, orme e speranza. Le poesie di questa silloge disegnano come canne d'organo un mosaico armonico, nei registri dei legni ad evocare quasi nostalgie bucoliche; richiami a stagioni irripetibili di un trascorso composito nei colori delle canne mediane; ma anche, nelle timbriche più aspre e gravi, tessiture di velate essenze di sofferenti transiti che mai però cedono alla disperazione, ma che aprono ad una redenzione non come sterile approdo ad una fede scontata, quanto piuttosto come intima tensione spirituale. Fino al gioco dei flauti che avvertono la corrente d'acqua e il suo chiedere il mare.

Nel divenire del fiume, il cammino esistenziale. Il tracciato declina analisi e ricerca come momenti di un'esperienza temporale che è memoria e custodia, e ancóra di una proiezione che trae la sua origine da *gemme gonfie di promesse*, e infine di una universalità di pensiero che si attualizza nell'attimo presente e cristallizza in ogni istante una scansione solo apparente, nella dimensione atemporale del sentire. Il tempo dei sogni e delle promesse incide profondamente nel vissuto non tanto come inarrestabile percorso dinamico verso un tramonto annunciato, quanto piuttosto come perdita progressiva di uno *status* ineguagliabile e degli affetti primari che sono l'essenza stessa dell'esistere. E in questo microuniverso di echi e di colori, di voci e di silenzi, di inquietudini e di contrasti, acquista carattere di urgenza il recupero di un equilibrio attraverso un divenire dialettico che nei differenti momenti del percorso di vita, contenga nei giusti ambiti il razionale e l'emotivo, il rigore e la meraviglia.

Dai tulipani dell'infanzia così alti da costringere ad alzarsi *in punta di scarpine rosa* per osservarne *i calici carnosi*, agli aquiloni di primavera, costruiti *rubando al cielo chiaro i bei colori / dell'alba rosa pesco*, il passo infantile esplora *spazio e vento* e avverte le prime, intime istanze di un'esigenza di conquista degli spazi come embrionale aspirazione ad una dimensione altra. Dunque non conseguenza di mera evasione, quanto graduale orientamento esistenziale. Nel quale si aprono anche ferite profonde, che segneranno inevitabilmente il cammino. La metafora del vento freddo di neve è molto più che narrazione storica; riconduce in pieno all'arcano disegno dell'assenza vissuta come ordine infranto, inadeguatezza di una condizione innaturale che si manifesta come disequilibrio, che la mancanza di uno dei due riferimenti portanti (il padre nella fattispecie) apre ad una voragine destrutturante: *Nessuno / all'altro lato*. E nel freddo pungente il pianto si fa ghiaccio.

Il ricordo avverte la duplice valenza di una realtà adulta e di un passato paradossalmente dinamico nel respiro del tempo che l'imperfetto traduce in una indefinitezza che non chiude l'accaduto nei recessi del silenzio che non ha più voce. Sicché il fluire degli anni non appare come tratto fossilizzato di un paradiso perduto, quanto riverbero emozionale di una eredità che redime. Il "fermo immagine" non fissa l'attimo nel suo irripetibile esserci; richiama *l'immagine sospesa nello scatto* come per un eterno ripetersi di vocalità uniche le quali, insieme, decantano *il profilo presente ... nella dissolvenza della sera / sul mare calmo dei tuoi giorni andati*. A volte è il presente a suggerire continuità in un ambito cognitivo che per sua stessa natura avoca a sé uno sviluppo che è conseguenza di una quotidiana indagine nell'apparente, discriminante contrasto concettuale con l''hic et nunc': *Di foglie morte la mia strada è piena.*

L'uso del tempo remoto reca nella sua essenza i termini del definitivo, dell'immutabile frattura sostanziale che non lascia impronte nemmeno in risonanze sensibili, e rende i sogni fragili, inconsistenti, trasparenti al risveglio quasi a negare l'anelito umano.

> *E gocce un lungo giorno*
> *piovve dentro quell'altro,*
> *e poi nell'altro ancora,*
> *a rivoli di pianto,*
>
> *ad annacquare al cuore*
> *i sogni, ad uno ad uno,*
> *a svellere memorie*
> *di fiori ed erbe nuove.*

Eppure tutto sembra ricondurre all'esperienza trascorsa come imprescindibile acquisizione di una formazione mentale e psichica strutturante, nella quale la madre è riferimento e modello, guida e illuminante presenza, nel protettivo 'riparo', come nei quotidiani gesti che diventano metafora emozionale prima ancora che letteraria; fino all'immutabile distacco nel momento altissimo del silenzio:

> *...*
> *questo tempo,*
> *di fantasia ora privo*
> *e di sorrisi,*
> *di calda cura*
> *della mano tua,*
> *che accudiva*
> *germogli di pensieri,*
> *boccioli di parole*

quasi ad evocare una genesi che detiene i tratti caratteristici di un retaggio lontano eppure attuale, nella continuità di valori fondanti incisi nelle declinazioni interiori dello spirito.

Nelle distese armonie della narrazione poetica, dove mai il clamore turba gli spazi sereni o le profondità della sofferenza, Elena Malta compone il suo affresco nelle tonalità differenti di fraseggi diversi, dense di luce, riverberi di "stagioni liete", di presenti concretezze affettive, ma anche di malinconie, di inquietudini, di tristezze che il dialogo con la luna contiene in sintesi suggestiva. Dialogo che orienta verso un disinganno totale, la perdita di un mito che oltrepassa ogni riferimento d'arte per confondersi con un freddo, insensibile oggetto, come le polveri delle valli sembrano suggerire. La delusione è sostanziale, anche se figurativa; la comparazione umana della luna naufraga nelle attese dell'uomo, ma il suo silenzio e la sua indifferenza sono immagine reale di una notte buia, dove la riflessione personale lascia solo l'indispensabile ad un oggettivo parametro di riferimento.

> *Ed io che avevo preso a benedire*
> *il tuo passarmi accanto e ritornare*
> *fedele, a fare luce a questo buio*
> *che cieco avvolge, notte dopo notte,*
> *gli occhi e il cuore al mio peregrinare.*

Illusione maggiormente avvertita rispetto a momenti in cui la luna era stata vista come compagna e rifugio, illusione che soffoca appunto, in particolar modo nelle notti dell'assenza, lo slancio affettivo e corale come consonanza di voci che cesellano i riflessi di dilagante bellezza naturale, quasi un notturno che nelle architetture del pianoforte trova espressione completa:

> *È sposa, questa sera, la mia luna,*
> *di un cielo tutto sgombro e senza nubi.*

La memoria dunque è elemento portante della silloge, presenza a volte conclamata, a volte avvertita, ma sempre sottesa, "lungo" gli argini di "questo fiume", nei mille rivoli di un trascorso intenso. Il ritorno a casa *avvolta ... / in una calda sciarpa di ricordi*, determina un'acquisizione di consapevolezza del tempo come fattore tangibile di un mutamento radicale rispetto all'età presente, nella quale pure riappaiono lampi del passato *come la luce antica di una stella*, che riporta echi di parole e di bagliori su un sentiero diverso; e poi il profumo del mosto che nella cantina chiama alla *prima spillatura dell'annata*, rivela lo stretto rapporto duale dell'uomo con la natura che qui si esplicita nel simbiotico contributo del

71

contadino e del sole, interpreti di *un grande amore*, dal quale sprigionava il rosso sapore del vino, robusto di terra e di lavoro:

> *brillava trasparente e rosso il vino,*
> *sangue e sudore d'uomo, dal mattino,*
> *lodando il sole, chino sulla terra;*

e ancora le impronte, il simbolo più pragmatico che, mentre riconduce alla fugacità del tempo, ne sigilla gli attimi nella memoria: impronte di sabbia, che durano il tempo di un'onda nel moto della risacca che pareggia l'arenile senza comprenderne il segreto; impronte di passi che durano il tempo di un fiore

> *o segnano tracce*
> *…*
> *nel tempo che il tempo,*
> *in una clessidra,*
> *decanti l'incanto*
> *ed esca di scena.*

E infine impronte di soffi, le più impalpabili, ma che *lasciano segni / di tagli e dolore*.

Che siano i tramonti o le stelle, le notti o le montagne, la neve o le distese d'acqua interpreti e testimoni dei ricordi, sempre il sostrato emotivo compone partiture di suggestivi insiemi orchestrali, dove ogni strumento contiene una ricchezza di elementi sensibili. Fraseggi di un vissuto immanente profondamente radicato nell'integro disegno ancestrale, ma anche proteso verso un'accennata tensione al soprannaturale. La quale penetra il tessuto poetico non attraverso espliciti richiami ad una liturgia che esplichi nella forma il postulato di un credo aridamente accolto, quanto piuttosto come canto della natura e delle creature, nel vento che parla alle valli e alle cime innevate, nelle *cromìe degli arcobaleni*, negli *arabeschi di luce*, nei *colori del tempo*, nelle sottili pieghe del pianto nei momenti senza luce. E nella profana metafora delle Moire, che qua e là traspare, avverti il senso magistrale della trasposizione lirica nei molteplici risvolti che la figura retorica dètta come tratti di un *iter* che supera la dimensione laica:

> *Lo cercheremo ancora il capo al filo!*
> *…*
> *in una goccia appesa ad una foglia,*
> *nel filo di parole di un amico*
> *che canta la sua rabbia di dolore*
> *in risonanza intensa sul mio cuore.*

La vicenda d'amore, strettamente intesa, appare in misura contenuta, quasi a voler proteggere il sentimento più autentico dagli stereotipi di un'epoca che lacera ogni forma di ascolto coerente, e dal corrosivo impeto del tempo.

L'attimo
ti illuminò
nel volto
e bello
ti dipinse
Amore;
…
E ti amai
così sospesa
in un vortice
di assoluto.

L'amore materno dilaga in trattenuti ammassi di sguardi, di suoni, di sorrisi, di pensieri, di silenzio in una correlazione sensibile mai invadente, in una 'corrispondenza d'amorosi sensi' che procede su piani paralleli: *nello spazio tra il tuo ed il mio cuore.* Sotto altre implicazioni l'amore permea ogni aspetto del divenire del fiume nelle innumerevoli possibilità che il flusso della vita propone, nella acquisita consapevolezza di non smarrire mai *un polo di richiamo, una radura, / per noi, cavalli bradi alla sorgente.*

L'imprevedibile percorso che l'acqua incontra diverso ad ogni rapida, sembra riflettersi nella componente formale della silloge. La complessa struttura stilistica non permette un'analisi di breve respiro; tuttavia emergono alcuni elementi che delineano i segmenti portanti di una cifra espressiva di notevole spessore. Si evidenzia fin da subito la capacità di coniugare un linguaggio di classiche trasparenze con un andamento più moderno del verso, nella dimensione di una libertà 'controllata' e mai debordante, attraverso l'uso di un lessico che non è pervicace ricerca di ostinati accenti incomprensibili di certe avanguardie, quanto piuttosto una traduzione affatto personale di una presenza dinamica nel tessuto contemporaneo. L'assoluta padronanza di questo 'modus operandi' conduce ad una duttilità linguistica che apre a possibilità inesplorate. Il verso di Elena Malta si fa arte musiva dove ogni tessera aggiunge segmenti decorativi che attraverso percorsi differenti giungono ad un organico riflesso estetico di rilevante fattura. Una percezione metrica di non comune presenza, plasma una materia duttile e già coerentemente armonica, alla quale l'aggiunta di espedienti di grande suggestione, le allitterazioni, le rime interne, le assonanze, i versi spezzati, ma sempre nell'ambito di un disegno unitario, le iterazioni, come l'uso sempre puntuale delle figure retoriche, collocano a pieno titolo la poesia di Elena Malta entro gli argini fecondi del genere letterario di riferimento. Immagini e suoni, stupore e canto: l'esperienza umana diventa espressione lirica, ecumenico afflato che lascia all'errante una speranza ancor prima che varchi la soglia del tempo:

... nel tempo che il tempo,
in una clessidra,
decanti l'incanto
ed esca di scena.

Antologia poetica

Ci sono ritorni esistenziali che nessun contatto reale può coniugare.

Cammino per le strade acciottolate,
m'inerpico per l'erte dei dintorni.

Il rumore dei passi lenti che rompono il silenzio della piana modula i colori violenti della stagione estrema. La metafora coglie l'essenza di un percorso costantemente riflesso nell'intima presenza dei luoghi d'origine. Il *verbum* poetico di Giannangeli tradisce questa necessità assoluta. Non c'è trasfigurazione o sublimazione; il 'paese' è patrimonio tangibile, attuale, cosciente. Anche quando il ritorno è solo meditazione, aspirazione, o semplicemente memoria, ricompone momenti e figure e suoni di un vivere sereno che è radice e principio, identità e progetto.

Nel 'paese' si concretizzano aspetti di una realtà che tarda a prendere coscienza nei meandri delle metropoli, e che invece proprio quel nucleo esprime come dimensione universale. Tutto quanto presente nel quotidiano sentire a Raiano, è proiezione di una condizione umana che, immutata, percorre le strade del mondo. Semmai il 'paese' ascolta voci più intime, riflette immagini più autentiche, chiede alle origini le ragioni dell'esistere. Tutto quanto avviene fuori da Raiano racconta il passato in termini irrevocabili; il 'paese' usa un più mitigato passaggio temporale che prosegue il cammino senza cesure.

L'imperfetto è tempo che non conclude, suggerisce continuità, dilata gli eventi; sicché anche ciò che radicalmente muta contiene e mantiene in sé cellule del passato che detengono riferimenti essenziali e che affidano al poeta contenuti di un'epoca irripetibile.

L'alba non sarà più così.
Aveva il profumo della terra
e delle mandre trasmigranti,
un senso di verginità nell'aria
e uno spicchio di luna.
Chi mi ridarà lo stupore delle cose?

Echi di sogni, di speranze, trascorsi di un tempo altro da una realtà che trasfigura la stagione ideale e la attualizza nel volgere incessante del ciclo. Ed in esso il progressivo smarrirsi di frammenti del vissuto che avanza, che non affonda nella nostalgia come ineluttabile parametro esistenziale, ma che avverte appieno la dinamica dei mutamenti che ogni età riscontra in qualunque ambito. E nel contrasto tutta l'amarezza di un'alternanza che annulla nel breve transito giovanile l'armonia e la bellezza di una possibilità vagheggiata.

Un giorno respiravo le montagne
e il cielo. Oggi ho paura.
Il mondo mi dimostra le voragini.
La vista mi si oscura.

Il senso delle radici ricompone i disinganni in più corrette e pacate letture non già per una sorta di remissiva adesione o sottomissione ad un inevitabile destino, quanto per recuperare note di una coralità che in qualche modo redime quanto perso *in questa corsa affannosa*.

Rivoli di malinconia permeano il presente come attimo di un divenire che deforma il passato nei cardini delle attese, dei desideri sperati, delle fantasie prorompenti. L'inquietudine è nucleo essenziale della condizione di un viandante costantemente insofferente che si volge indietro e sa che il vento ha già cancellato i suoi passi. Questa certezza compone ed alimenta il lacerante *status* del poeta. Tutto ciò che evidenzia l'enorme disparità tra il nuovo e l'antico è germoglio di sofferenza seppure nelle gradazioni dissimili del singolo accadimento: il quotidiano di un mondo contadino che smarrisce l'autenticità del senso naturale del vivere; i riferimenti ad un ordine ancestrale che perde nel presente i cardini della tradizione; la sacralità della famiglia, scrigno imprescindibile di ricchezza umana e spirituale; gli affetti che da questa enorme sorgente dilagano nei campi fecondi dell'anima.

Pure, il gioco dialettico che il tempo impone s'inscrive in una condizione di malessere che mai deborda in accenti disperati ma che trasuda amarezza e rimpianto per tutte le illusioni di una realtà irrisolta. Gli esiti vanno a comporre gli insiemi delle tematiche di un microuniverso che è introspezione e ricerca, poetica e trattazione.

I richiami della memoria oltre a determinare una scansione inevitabile, molto più inquietante che rasserenante, evocano i tratti della fatica del vivere, e non solo del giornaliero andare, che è risveglio dai sogni e identità di una concretezza diversa. Dalla natura ai mattini dell'infanzia, dai sentimenti al frastuono dei mutamenti profondi, tutto concorre alla perdita di una verginità esistenziale. E in un gesto di profonda sofferenza il poeta avverte l'esigenza di un annullamento completo della sua storia.

Oh datemi la spugna
che cancelli i ricordi.

Conditio sine qua non per non rimanere soffocati dalle circostanze e ri-prendere il cammino con un fardello possibilmente meno pesante.

Vita è dimenticarsi a poco a poco il cammino

L'ammasso critico degli eventi si stempera negli ambiti creativi del-la parola che plasma la narrazione secondo paradigmi affatto personali che traducono l'esperienza sensibile del poeta. Ne scaturisce una rappre-sentazione di coralità teatrale che compone ogni singolo aspetto in un dramma compiuto, che evoca poi, nell'insieme, una sorta di *epos* di una mitologia contadina e paesana che si sviluppa e si arricchisce intorno al nucleo centrale che è poi legame indissolubile con i luoghi d'origine. Os-servazione compiaciuta di un vivere semplice, di elementari visioni filo-sofiche ma traboccante di principi sociali, spirituali, tradizionali nei quali i sentimenti primari promettono un ormeggio sicuro anche contro ura-gani improvvisi.

Se il divenire disorienta, la parola recupera l'"elegia campestre". Nel policromo utilizzo di semantiche semplici, coerenti con i presupposti e i significati degli assunti enunciati, si apre il vasto orizzonte dei valori di una eredità che trasmette nel tempo le virtù di un popolo. Emergono, nei toni morbidi di una narrazione che è sì nostalgica ma anche affettuo-sa partecipazione sensibile, tratti ricorrenti che alla memoria aggiungono lo slancio emotivo volta a volta di differente vibrazione. Così le accezio-ni del canto acquistano misura ed espressione nei variegati contesti in cui quella presenza sottolinea gli avvenimenti e anzi spesso plasma un fraseg-gio di grande effetto sonoro e poetico. E il traslato di una realtà rurale ac-coglie negli elementi di una risonanza di genere ogni rivolo di corrispon-denza poetica che è culturale, strumentale, sperimentale.

La scansione degli assunti non invita a ripensamenti divergenti; anzi, negli ameni affreschi dei viottoli del paese, detta ascolti di quella varietà infinita di tratti emozionali che sono l'essenza del dialogo intimo con l'o-rigine. E dal paese alla valle è un ripetersi di canti, stagioni che vanno e tornano coi loro incanti, le loro promesse, i loro profumi.

> *... vi sono campane d'altre chiese,*
> *laggiù, e ritmi propiziano catarsi.*
> *puoi estinguere a volte i tuoi riarsi*
> *labbri nelle canzoni, al mio paese.*

Nelle note della pigra quiete serale che precede il *dì di festa*,

> *Canzoni di Sabato sera,*
> *accidia di serenate*

sulle strade acciottolate
del rione stemmato...

come nel solitario canto notturno che evoca l'eco del silenzio,

Il prolungato a solo
tra i pioppi canadesi
avvertire, a notte, dell'assiuolo
sugli addormentati paesi.

nel tempo delle spighe e delle mietiture, quando le distese dorate raccontano il ciclo e gratificano le fatiche del contadino,

Canzoni di mezzogiorno
sul messidoro incurvate
e sui mannelli, o incantate
per la distesa all'intorno.

come nelle *Canzoni del lavatoio*; come nelle *Canzoni d'acre fraore / al contrappunto del bidente...* Il canto non è per Giannangeli rivelazione divina né cadenza sensibile di quotidiane vicende che possa attenuare, nella varietà delle orchestrazioni, ogni rimando di sostenuta, inquieta malinconia; questa intensissima, costante presenza è patrimonio spirituale, voce che nell'ascolto delle altre voci acquisisce coralità compiute e le traduce in raffinata poesia. *Canzoni del tempo imperfetto* sono un crogiolo di realtà che trascendono i confini di una storia, di una cultura, di un millenario, faticoso cammino alla ricerca di un 'perché', di un 'cosa', di un 'chi'; sono un messaggio tangibile per un tempo sconosciuto nel quale l'uomo, nella ricerca del nuovo, non cancelli le radici compiute.

Un gettone di esistenza si concretizza come metafora di un dialogo a distanza che muta nella sua essenza allo scadere del gettone:

... Poi: l'interferenza,
o cessa la telefonata...
altro genere, altra esistenza.

Nell'omonima raccolta gli spazi aprono ad un senso religioso di grande respiro presente nella poetica di Giannangeli, ma qui riaffermato come momento di raccordo, di tramite tra il messaggio evangelico e la concretezza della vicenda terrena. Rapporto per certi versi simbiotico, ma che anche in certi sussurri intraducibili della storia, mantiene i toni di una raffinata, composta narrazione poetica.

Ne *gli isolani terrestri*, altra raccolta di intensa forza espressiva, si intersecano circostanze ed eventi nella duplice dilatazione temporale e di un complesso di sottoinsiemi estremamente diversificato. Questa feconda mole di elementi trova sintesi esemplare nei versi che seguono, *focus* interpretativo di una delle variegate orme della poetica in questione:

Un giorno, quando
alle prime avvisaglie dell'autunno
in fitta cortina
le nubi s'adagiavano sui boschi
e smussavano i fianchi alla montagna,
quasi godevo a quel malato abbraccio
di terra e di cielo.

Il ritorno, inteso però come accensione di lontani richiami che il presente riascolta senza declinare il passato in modo da non esasperare il divario necessariamente intercorso e restituire il senso di una nostalgia redenta, è tema e sviluppo del *Taccuino lirico*, in una continuità che non avverte l'esperienza come momento temporale, semmai spaziale, senza dimensioni, dove la nostalgia abita un trascendente senso dell'inconsapevole. Onde gravitazionali che reggono l'equilibrio dell'attimo presente pur nelle dinamiche dell'accadere, indelebili incisioni di un manoscritto compiuto. Fino alla purezza emotiva nel 'pellegrinaggio' alla *casa solinga*, all'*ascoso focolare / dove i nonni passarono*. E i sensi tracimano gli incontaminati profumi dei boschi, ogni macchia di colore riconduce al disegno del tempo, immutato nel profilo dei monti, nella sacralità di una chiesa dove la speranza offriva rifugio, nei *cori agli Osanna di un pio Sacerdote*. E lo sguardo si sofferma appena fuori paese al piccolo *cimitero sperduto* privo di casette bianche e di cipressi e che protegge i resti degli avi tra un'intensa fragranza di timo.

Tagli di luce di un poliedro unitario che contiene al suo interno aggregati di una profonda conoscenza dell'uomo, delle sue dinamiche, dei suoi respiri armonici, e nello stesso tempo nobile testimonianza di una condizione ricca di composite partiture che sono poi costruzioni dell'esistenza filtrate attraverso i meandri di un passato di complessa lettura.

Accenni ad episodi della storia contemporanea (il poemetto *Li Tedesche*, sul periodo dell'occupazione tedesca, come *Zappe, cafeune, zappe…*, sull'eccidio di Via Fani) non individuano l'origine di un percorso nuovo d'impegno storico. Giannangeli legge la storia come traduzione quotidiana di un divenire circoscritto, nelle componenti elementari che sono inscritte nella cultura popolare e contadina lontana dal clamore di una realtà così diversa.

La poesia di Giannangeli non nasce dalla storia, ma da una sottile e costante inquietudine esistenziale a fondo religioso. Aspira ai 'valori eterni' e, non trovandoli nel mondo così come esso si presenta alla comune esperienza, ripiega in un soliloquio intimistico, in una solitudine povera di speranze. (Vittorio Monaco)

Il discrimine tra le capacità della mente, le aspirazioni dello spirito e l'inadeguata, insignificante realtà della natura umana, circoscrive il limite che l'uomo avverte nella sua interezza, ma proprio quella percezione custodisce lo spiraglio di ricerca e di speranza. E gli orizzonti aprono alla luce che non ha i parametri consueti, anche da una valle chiusa dai contrafforti delle vette alte degli appennini.

Le alture che circondano Raiano sono più consistenti e limitanti della siepe leopardiana, ma l'anelito d'infinito non ha tensione inferiore. È la risposta esistenziale, seppure nelle trattenute tonalità del poeta di Recanati, che muta radicalmente l'esito delle due 'lezioni'. Il naufragio per un irraggiungibile approdo se anche mitiga nella 'finzione' l'assenza di ogni pur flebile voce nell'*infinito silenzio*, si traduce nel poeta abruzzese, tra l'altro nell'ambito di uno spazio molto più riduttivo, nell'affermazione di una centralità che, pur tra inevitabili contraddizioni, recupera la visione salvifica di un significato che dà valore all'esserci. Certo rimangono segnali divergenti di una compromessa condizione devastante, ma nel dissimile l'anima incontra possibilità altre nei... *floridi / sentier della speranza* (Manzoni), nella quasi impossibilità di credere che la vita sia solo un soffio di vento.

La costruzione linguistica di questa epopea nelle strutture portanti come negli innumerevoli incastri di più contenuto spessore, poggia su stilistiche evidenze che invadono e determinano la poetica di Giannangeli nei canoni estetici, formali, espressivi e tecnici. Consapevole della propria vocazione come misura autentica di una scelta di vita, il poeta di Raiano plasma con sapienza e abilità non comune una massa informe di fraseggi poetici fino a generare eventi sonori di infinite gradazioni dal punto di vista lessicale, lirico, musicale. Lungo questo percorso le forme dell'azione scenica convivono con le metafore di volta in volta utilizzate in funzione di una lettura cosmica della poesia, traccia del cammino.

Il verso, di qualunque misura, arricchisce dunque non solo in uno sviluppo sincrono ma anche in una verticalità che compone sequenze armoniche capaci di una vasta gamma di proposte dove i profili eleganti mai debordano in dissonanti lemmi. L'ascolto si fa pensiero, immagine, azione, e l'azione di fa poesia. Fino allo slancio lirico

E mi pareva chiuderti in possesso
sicuro, terra mia canicolare,
se mi flettevo dagli aerei ponti
sui valloni striati dal pietrisco
bianco che scoscendevano agli ulivi.

L'andamento irregolare del primo accento tonico lascia ai versi, assente anche la rima, un'ampiezza emotiva che recupera il passo ritmico attraverso una sequenza di tempi composti che nel flusso del movimento costruisce un originale effetto di tensione musicale.

Nell'equilibrio tra le varie componenti della poetica di Giannangeli risiede la sua forza evocativa, la duttile capacità di interprete, la padronanza nell'uso del verso, il carisma intellettuale. La sua grandezza sta nell'aver intuito e poi trasmesso, che il mistero della vita ha, nella piccola dimensione, ogni particella dell'universo: Raiano diviene sintesi dell'esistenza, infinitesimo tutto di un infinito in divenire.

101 Sonetti (Poesie)

Concepito come irrinunciabile omaggio a William Shakespeare, a 400 anni dalla sua scomparsa, l'*opus* "101 Sonetti" di Amato Maria Bernabei rappresenta un singolare riferimento che si concretizza come *trait d'union* tra l'esperienza passata e il moderno contesto letterario. La correlazione si inscrive nel percorso di un approccio dialettico che possa in qualche modo fondere la tradizione con l'attuale orientamento espressivo nei diversi piani strutturale, linguistico ed estetico.

L'approdo al sonetto, all'interno di un percorso poetico di grande spessore, propone singolari e avvincenti spunti di riflessione non già e non solo da un punto di vista formale, quanto piuttosto e in massima parte come scelta univoca supportata da una consapevole completezza artistica. Il dominio tecnico e artistico dello strumento declina una padronanza espressiva che permette una straordinaria fluidità narrativa alle tematiche portanti del pensiero. Le quali non alterano una poetica consolidata nel tempo, anzi detengono gli elementi tutti di un percorso individuale nell'umano incedere di un'esperienza irrisolta che, nella stagione del tramonto, perde le ormai fragili àncore, fino a gravitare nelle dimensioni cosmiche del nulla.

Il tratto speculativo deborda in un pessimismo metafisico che supera i confini della percezione e individua all'interno dell'universo la forza distruttiva. La percezione avvertita diventa unica realtà possibile; il breve volgere della primavera della vita già compone in sé un senso embrionale di nostalgia, forse di illusione. A mano a mano il giorno consuma gli argini, corrode gli ambiti di una disperata difesa, e nel declinare della parabola le sponde a stento trattengono il flusso inarrestabile che tracima e offende, seppure involontariamente, i frattali cromatici del tramonto.

Assenti i momenti di pura redenzione si intravedono qua e là tuttavia ad una analisi profonda tracce di una possibilità remota di sedimenti di luce che, per qualche istante attenuano il senso di una laicità esistenziale. Non si tratta certo di un ripensamento filosofico, che anzi, se pure quella luce esiste, contribuisce ad una visione illusoria dell'assunto, ma della considerazione come evento paradigmatico di una condizione di per se stessa falsata *ab origine*. La negazione dell'esperienza terrena invade ogni percorso nel vorticoso andare verso il "nulla eterno", approdo estremo di un nulla effimero che mai redime, nemmeno nelle espressioni più rassicuranti della natura, dell'arte, dello spirito. La corruzione anzi in questi casi incide solchi ancora più profondi sia nell'accezione semantica che presuppone l'intervento dell'uomo, sia nelle strutture elementari dell'evento vitale.

Il concerto dei grilli nel perenne ripetersi di una presenza che il buio rende indecifrabile, evade il presente come essenza speculare del passato, cercando di recuperare, lungo i crinali del Sirente, il respiro della luna che torna come nei versi giovanili al tempo dei riposi estivi, tra le foglie di un fico secolare, dilatazione tonale di un passato comunque inaccessibile che il ciclo non salda.

E in alto, spesso, sul crinale fioco,
vive una luna limpida, a ponente,
e sembra respirare tra le foglie

scabre del fico, che strofina roco
un tempo mai perduto e sempre assente
per l'anima che cerca, ma non coglie.

Un canto tracciato su uno sparito di pentagrammi antichi di note compromesse, sempre uguali, come ritorni di un immutabile fraseggio che periodicamente si ripete, e anche nei rari stigmi rasserenanti, smarrisce suono, fino al silenzio.

che forse è un immutabile spartito:
pentagrammi di un foglio già stampato
dove trascorre il suono, ed è finito
nel segno che l'artefice ha pensato.

Pure, nella ostinata tensione drammatica dell'evento terreno è possibile avvertire dilatazioni o comunque compromessi che permettano di intravvedere ampiezze certo assai limitate ma significative di aneliti forse irrazionali, tuttavia non assenti. In questa ottica il ricordo, in ogni venatura di colore, diviene centralità di attimi, comunque vissuti, di un passato spensierato, di creduta felicità. Non a caso in questo ristretto ambito trovano significativa collocazione voci ed espressioni che si fanno metafore congeniali per una dialettica che coniughi l'esperienza sensoriale degli animali e l'incanto dei capolavori della natura con il processo speculativo che riconduce sui percorsi consueti.

Cantino il grido come un tempo, ancora,

le rondini felici al primo raggio,

e sull'altra sponda
godiamo puri al vento degl'ingrati
amori, sulle scene deformanti

delle marine e dei colli ombreggiati,
o dei crinali vividi o sfumanti.

Voci di una polifonia minore ma che conduce il cammino delle elementari emozioni in vallate più serene, immuni da tempeste devastanti. *Ad un canarino, Rondini, Il vecchio contadino, Evasione,* contengono emblematici riferimenti ad una condizione esistenziale altra, germogliata e cresciuta nel naturale quotidiano tra il canto agreste e la fatica del raccolto, tra la dimensione goliardica di una creduta spensieratezza e la condizione rassicurante di un rifugio protetto, seppure angusto; riferimenti che sono narrazione, giammai partecipazione.

L'assenza di una fede anche soltanto intuita traccia profondi fossati che inibiscono ogni possibilità di attraversamento alla volta dei campi di un credo accettabile. Eterno silenzio... di più: "nulla eterno". Immobilità nella quale può naufragare anche il miracolo della scrittura, estremo baluardo ancora accessibile solo che si creda fermamente nelle sue capacità di risonanza atemporale, solo che tu *canti un canto* che illumini anche la notte che non ha fine, perché in quel caso

sai che il tuo segno mille volte dura
e si protende oltre qualunque raggio,
come un'eco incessabile perdura ...

L'inganno esistenziale si esplicita in una dualità divergente essendo l'elemento che genera illusione tanto sovrastante da risultare distruttivo. L'esperienza a mano a mano coglie l'intima sostanza di apparenti trasparenze che presto mutano in opposte attese verso la certezza della notte irreversibile. In forza della loro natura antitetica le due categorie non hanno tratti equivalenti che potrebbero quantomeno sfumare la tensione inesauribile di una lotta senza speranza. A niente valgono attenuanti respiri che il percorso poetico evoca come conseguenze di quel sistema gravitazionale. Il rimpianto ad esempio inteso non tanto e non solo come nostalgico richiamo di cose perdute quanto come assenza totale di un accento che non concede al silenzio il termine ultimo.

Di troppo oblio trabocca questa tregua,
come tanti silenzi in un silenzio
dentro uno spazio dove si dilegua
il suono ...

L'illusione attraversa ogni corda dell'anima, nella tensione del "tempo migliore", nei morsi di una falsità che la natura trama già prima che l'inverno renda arida l'erba, nell'angoscia degli ultimi tramonti, quando i policromi giochi di luce cercano invano àncore che lascino di nuovo credere ad un ritorno di cieli azzurri.

Da questa dialettica si chiarisce un sostanziale sviluppo dinamico dell'inganno. L'errore dei sensi slitta verso una visione oggettiva dell'elemento che detiene invece, per l'essenza stessa dell'individuo, una soggettiva percezione della realtà. Sicché non è possibile prescindere da una valenza affatto personale, che è esito e sintesi di un vissuto peculiare nella sua complessità unica e irripetibile. E in questo vissuto si inscrive irreversibile e malinconico, invasivo e nostalgico il senso inquieto del ricordo che nella duplice percezione della bellezza e del rimpianto ricompone il percorso di un tortuoso andare.

La memoria diviene chiave di lettura che apre i cancelli del tempo e invade i terreni fertili della speranza, delle attese di un'aurora interminabile di rugiada. Ma presto l'aspettativa, mentre ancora il respiro della giovinezza indugia nei *pensieri soavi* (Leopardi), frantuma nel vortice di una realtà che trasgredisce ogni forma e rompe il patto esistenziale senza alcun apparente, plausibile motivo. In questa prospettiva anche se il ricordo mantiene intatti gli incompresi motivi del vivere, tuttavia recupera, di tanto in tanto, soprattutto nelle anime semplici, avvertite emozioni di una condizione altra capace di cogliere, anche nelle avversità, un'istintiva, naturale serenità che nel lavoro appassionato, nella speranza di un raccolto adeguato al duro impegno e nel *nobile decoro*, stabilisce connessioni che mitigano gli oscuri orizzonti del poeta.

Il paradosso del tempo si genera da una illudente scansione più sperata che reale, messa in atto nella ostinata ricerca di modelli e strumenti atti a decodificare in attimi un'essenza indivisibile. Ne deriva che tale paradosso vive di un'incoerente *consecutio* quasi che interrompesse misteriosamente il flusso in avanti nel ripetitivo ritorno di stagioni, di emozioni, di eventi, e prende forme già note che mai definiscono però la sostanza, leggibile soltanto nelle sue espressioni devastanti, al punto che lo sguardo di chi nascerà in futuro

non vedrà mai l'orma
di mille vite fragili e deserte.

Il ciclo è simbolo e riferimento del tempo, quanto meno come scansione leggibile di un processo universale denso di parametri che esulano dalle conoscenze dell'uomo. Forse anche per questo ogni strumento di misura, e in maggiore parte in quelli che detengono un suono ritmico, genera nel poeta grande inquietudine come se nelle sfere o nel succedersi dei numeri il tempo accelerasse il suo avvicendarsi. A sua volta il moto è estrinsecazione del ciclo nei fenomeni della natura, tra le rapide del "panta rei", nell'apparente immobilità delle stelle e anche nelle teorie umane che sembrerebbero svelare il senso dell'immortalità nel postulato di una continua trasformazione in cui la materia non si disperde, ma cambia semplicemente il suo stato.

Questo ampio, significativo bordone sorregge una melodia composita, modulare spettro di osservazione che traduce la narrazione della propria vita attraverso le vicende interne ed esterne, analisi di una sensibilità umana, artistica, spirituale non comune. Dai vertici della poesia, modelli di bellezza e di purezza senza pari, ad un devastante smarrimento di canoni di riferimento nell'arte come nella cultura, agli abbandoni della natura nelle sue affascinanti espressioni, approdo precario, in acque trasparenti, al desolante, impetuoso coinvolgimento dell'ineffabile ultimo viaggio di quanti condivisero sentimenti ed emozioni. Fino al devastante momento che più di ogni altro compromette definitivamente ogni possibile meditazione. Nella trasfigurazione immanente di un fiore, il garofano, l'immagine in filigrana della mamma in un particolare accento metaforico nelle variegate accensioni delle corolle, unica, elementare espressione d'arte nelle trattenute anse di una vocalità inespressa.

Appena sussurri per le verdi alture di faggi che proiettano lo sguardo verso il massiccio del Sirente riferimento assoluto di una vallata sorprendente, *alma mater*, ricordo primo di esistenza. L'assenza di clamore giustifica un sentire intimo, un rapporto segreto, un dialogo privato tra la sua terra d'origine e la scoperta futura. Questa intimità si sublima nella meraviglia di altri versi con l'immagine iniziale di una luna spezzata in frammenti di luce come per rendere ancora più splendente, nella vallata ancora vergine di luminosi disturbi, il *fermento universale*.

Si affollano luoghi, particolari, singoli ritorni nelle regioni emotive del poeta e ogni elemento contiene, nell'insieme vocale, accenti concreti, coerenti con i termini di una filosofia esistenziale che affianca il dramma dell'esserci al costante contatto con un quotidiano altalenante, frangibile ad ogni più lieve, ingannevole insidia. Ciascun aspetto muove sempre dagli stessi presupposti e converge in una consolidata affermazione sull'incapacità dell'uomo di reggere ai costanti conflitti con la sua indole e con i limiti imposti dalla sua incommensurabile incapacità nei confronti dell'immenso. L'illusione dilaga anche nelle teorie e nelle riflessioni che invadono il processo culturale come estrinsecazione di modelli formali e sostanziali in caduta libera, come analisi della perdita degli antichi valori e anche come testimonianze affettive del transito terreno. La mitologia del denaro provoca danni irreparabili non meno degli entusiasmi per

il verbo della scienza dominante
che dà rimedio ad ogni aspirazione,
schernendo l'assoluto delirante ...

L'insana fede per un movimento che toglie all'illusione anche lo spiraglio del sogno e allo stesso tempo celebra la scienza come possibile soluzione di ogni male, trova corrispondenza nel dogma che riconduce tutto alla centralità dell'utile, unico parametro di riferimento della cultura, dell'arte e di ogni altra manifestazione del sapere. E questa realtà propone una tale distorsione che non solo la cultura ma perfino il linguaggio si sottraggono alla loro elementare grammatica. Il grido insopportabile dell'ignoranza determina l'impossibilità dell'ascolto e non permette alcun rapporto dialettico; quel grido insomma è destinato

alla folla demente ed al concerto
che nella notte e nel delirio allaccia.

Il tono più composto, che è proprio dei pochi *cui l'intelletto ancora dà l'accesso*, si sostanzia in una presenza costante che mai impone postulati ma che, nel rispetto dell'individuo, propone analisi, riflessioni, riascolti orientati verso una più coerente lettura delle proprie esperienze. Questo registro 'non violento' sovrintende la distesa limpida del verso in particolar modo nei richiami letterari, negli inevitabili abbandoni di emozionali colonne portanti, nelle insenature di un trascorso denso di malinconie metabolizzate come evento, non già come adesione. La mirabile traduzione di due sonetti di Shakespeare, oltre a dare la cifra interpretativa dell'omaggio al sommo poeta e drammaturgo, investe la misura di un equilibrio sensibile e strutturale dell'espressione lirica in cui la forma, assente di grida e di impetuosi accenti, accosta le vette dell'arte.

... Love is not love
Which alters when it alteration finds

... Non è amore
l'amor che muti per mutati accenti

Questo tracciato estetico di autentica bellezza segue un virtuale percorso che mantiene intatti i presupposti e inalterati gli esiti nel cogliere il respiro di vocalità altre ma compenetranti sensi uguali dello spirito in altissima corrispondenza. L'affinità elettiva con Leopardi, ancor più che nei versi dedicati al grande poeta di Recanati e nella sua presenza che aleggia in ogni dove, torna prepotente nelle quartine e nelle terzine de *Il tempo amaro* e ancor meglio in quelle de *L'ombra e l'incanto*. Nel primo sonetto l'impetuoso sfogo contro la sorte crudele dell'uomo contiene gradazioni decisamente più aggressive di quelle dello stesso Leopardi, nella considerazione chiaramente espressa in *A Giacomo Leopardi*, come di una consapevolezza soltanto avvertita, non avendo egli conosciuto il tempo più tragico

Non sapesti però com'è dissolto
il giorno che per ultimo sussulta.

Nel secondo sonetto, di rasserenante armonia, affresco pregevole nei dettagli come negli sfumati, la lezione stilistica ed emotiva è perfettamente assimilata:

Ode settembre il verso del pollaio
nel raggio basso e lento, e sulla via
sbiadita del nostalgico brumaio,

L'attacco sinfonico libera energie che recuperano sonorità parallele nel supporto di eloquenti analogie. La *stagione inconsapevole e serena* è molto più che semplice sintonia della *stagion lieta* leopardiana; così come *quando correva il tempo del telaio* palesemente riconduce alle emozioni e ai luoghi del canto 'A Silvia': *ed alla man veloce / che percorrea la faticosa tela.* Serenità… apparenze. Forse. False modulazioni… può essere. O semplicemente Arte. In tale percorso, imponente si staglia la figura di Dante, Maestro e riferimento, traccia sempre presente fin dai primi studi, artefice di un verso perfetto, l'endecasillabo, sul quale il giovane Amato inizierà un lungo lavoro di acquisizione che lo condurrà, grazie anche ad una propria, particolare attitudine, a rendere le undici sillabe capolavoro di genere.

Ancora più intimistiche e serene negli accenti le poesie della silloge che si raccolgono in una meditazione più o meno dinamica. Il liceo, fonte battesimale dell'origine e delle scoperte della gioventù; il Ligustro, compagno dei tempi spensierati, quasi tangibile protezione di bucolici richiami, del *lentus in umbra*, nella calda estate dell'esame; e il suo studio, rifugio e fucina, *turris eburnea* di un'indole possibilmente solitaria; frammenti di libri, di arredi, di una poltrona antica, ormai vuota, echi di rumori lontani, e il tempo cristallizzato in queste icone, compagne di un vivere irrisolto fatto di *sentimenti intensi*, di pensieri *verso un sogno sempre sconfinato*, di *parole come biade*.

Quando tutto sembra orientato, improvvisi, indefinibili prendono forma e contenuto versi che hanno una valenza eterogenea di particolare interesse non solo per l'approccio al tema, quanto anche per l'inaspettata considerazione. Il corso d'acqua attraversa i campi fertili del senso religioso. Due aspetti di natura diversa dominano la sostanza dell'argomento: il richiamo ad esperienze giovanili (l'Avvento, l'Ufficio delle tenebre) e l'inatteso canto del Magnificat. Il primo si attesta nella sintesi del Presepe, nel *richiamo di campane* che nel rinnovarsi di anno in anno, tratteneva gli iniziali aspetti esplorativi del ciclo e nello stesso tempo riponeva nel racconto tratti di una favola millenaria di un mondo oggi solamente attento ai

... rintocchi di vetrine,
di stanchi doni e di profani canti.

La liturgia del Mercoledì santo conteneva l'attonito disorientamento di un'azione teatrale in cui le simbologie dirigevano la fantasia del ragazzo in un contesto di drammatico procedere fino all'inquietante epilogo, nel buio della cattedrale, *in ansia di mistero.* E tra le sapienti allegorie che solcano le paure, affiorano movimenti speculativi di innegabile presenza. Ma è nel Magnificat che convergono e prendono consistenza gli aleggianti respiri di un'urgenza religiosa *sui generis* che esula da un sistema dogmatico, per aprire ad una ricerca che si riconosca ne

l'unico senso vero che corregge.

Sottende questo poderoso insieme un fattore lirico di intensa efficacia emotiva che non recupera stati di serenità, ma genera tensione creativa nell'ampiezza di soluzioni e di rimandi insiti nelle sue immense risorse. Dove ti aspetteresti un costante impiego di tonalità di più consoni accordi minori, il modo maggiore apre a sofisticati corali che accentuano paradossalmente, soprattutto nel pianissimo, l'inadeguatezza del confronto con *la misura del tempo mai sconfitto ... fino al segno deluso delle cose.* E nella magistrale allitterazione il dramma si fa composta malinconia.

L'assoluto controllo delle strutture del genere, assieme ad una grande sensibilità musicale, forgia un'estetica composita che riconduce certamente alla finezza della classicità greca nella creazione di un'architettura che definisce metope di marmo pregiato entro triglifi di perfetta compostezza. Architravi che tuttavia orientano un percorso singolare che nell'evoluzione del bello e dell'armonia, attraversa nei secoli voci di respiro universale da Petrarca a Shakespeare, da Dante a Foscolo, da Leopardi a Neruda. Dunque non una cristallizzazione di modelli e di elementi dovuta alla rivelazione di un'archeologia poetica che vive l'immobilità della sua straordinaria testimonianza. L'itinerario è coerente, limpido, attraversa con misurato equilibrio spazio e tempo dell'arte, traducendo semantiche e metafore, stilemi e costrutti in un linguaggio contemporaneo, sicuramente fuori dalle mode, ma certamente adeguato alle esigenze della modernità.

Il segmento intellettuale non esula dalla temperie di una poetica chiaramente affrescata, anche se la sapienza culturale del poeta riesce a discernere, in questo sottoinsieme, la valenza delle stratificazioni. Le quali tratteggiano sfumature nel cammino desolante, di selci deformate dove le nebbie non lasciano mai pienamente le colline esuberanti di vegetazione, tra le nostalgie e le illusioni, gli inganni del tempo e del quotidiano incedere. E il tramonto annunciato verso l'ultimo atto di un misterioso, inspiegabile annullamento, spegne i residui, tenui bagliori della speranza, per la verità mai coltivata nei terreni fertili della vita. Pure, questa tensione insostenibile genera ad un tempo una fuga dall'ineluttabile aprendo ad un estremo spiraglio di fede, ancorché laica, che pone la religione della parola come unica possibilità di superamento dell'*impasse*. La voce alta della poesia trascende il tempo e lascia integri i termini del pensiero, unica luce di conoscenza nel viaggio impervio dell'uomo.

Ottaviano Giannangeli

Ottaviano Giannangeli nasce a Raiano, paese in provincia dell'Aquila, nel quartiere Santa Maria. Trascorre la sua infanzia nella casa paterna che affaccia sul vecchio Tratturo. Nonostante frequenti gli studi liceali all'Aquila e quelli universitari a Firenze, il meglio della sua giovinezza resta ambientato nella Valle Peligna, tra Raiano, Pratola Peligna e Sulmona (dove ha luogo il primo periodo della sua attività di insegnante). Dopo un periodo trentennale di docenza (prima nei licei e poi all'Università) nella città di Pescara, farà ritorno a Raiano, dove risiede stabilmente negli ultimi anni di vita. La sua intera esistenza avrà come scenario l'Abruzzo, di cui sarà fine cantore e attento studioso.

Studente del Ginnasio-Liceo a L'Aquila, Giannangeli si appassiona agli studi classici, in special modo alla filologia. Iscritto all'Università degli Studi di Firenze, si trova ad avere come maestri Giorgio Pasquali e Giuseppe De Robertis. Durante la seconda guerra mondiale, interrompe gli studi e torna in Abruzzo. Finita la guerra, riprende l'università e nel marzo del 1947 si laurea in Lettere, con una tesi in Storia della lingua italiana, relatore Bruno Migliorini, sul *Cantare aquilano di Braccio da Montone del XV secolo*, poema che costituisce la più antica fonte letteraria dell'assedio dell'Aquila del 1424 ed è documento assai vivace di poesia popolare recitata nelle piazze.

Dal 1948 al '74 insegna Lettere in varie scuole medie inferiori e superiori d'Abruzzo. In seguito diventa professore di Letteratura italiana moderna e contemporanea presso la Facoltà di Lingue dell'Università degli Studi "Gabriele d'Annunzio" di Chieti, sede di Pescara.

Appassionato cultore della musica popolare abruzzese (conoscerà Guido Albanese e collaborerà con Antonio Di Jorio), nel 1946 è iniziatore, promotore ed animatore della Sagra delle Ciliegie di Raiano.

Nel 1957 Giannangeli fonda a Sulmona la rivista letteraria *Dimensioni. Rivista abruzzese di cultura e d'arte*; in seguito la sede passerà a Lanciano, e la direzione della rivista sarà gestita, oltre che da Giannangeli, dagli amici letterati Giuseppe Rosato e Giammario Sgattoni. *Dimensioni* chiuderà i battenti nel 1974. Insieme a Rosato, Giannangeli ha dato vita al "Premio Nazionale di poesia dialettale Lanciano" (poi "Premio Lanciano – Mario Sansone").

Di particolare rilievo è il suo studio critico dell'opera poetica di Eugenio Montale. Nel '69 il saggio *Il significante metrico in Montale* appare sulla rivista *Dimensioni*; Montale stesso scrive personalmente a Giannangeli per congratularsi del suo lavoro. Come testimonia Giorgio Varanini, il poeta ligure dimostra di apprezzare il lavoro di Giannangeli: "Accennando alla problematica inerente alla metrica delle sue poesie, [Montale] mi dichiarò che lo scritto più acuto e valido nel merito, era dovuto a Ottaviano Giannangeli".

Nella sua lunga attività letteraria ha ricevuto numerosi premi: nel 1961 il premio Teramo per un racconto, ex aequo con Gennaro Manna; il Premio di poesia Roseto con la lirica *Preghiera degli esuli abruzzesi*; il premio Tagliacozzo nel 1977 col saggio critico *Pascoli e lo spazio*, e il premio Castilenti-Antonelli, nel 1988 con un racconto.

Legatissimo alla terra d'Abruzzo e al suo paese natale, Ottaviano Giannangeli ha saputo esprimere, con versi intensi e delicati l'atavica piaga dell'emigrazione ed esprimere una partecipe solidarietà alla condizione di sradicamento degli emigrati e degli emigranti, alla loro aspirazione al ritorno in patria.

Dialettologo, folclorista, romanziere, poeta in dialetto ed in lingua, autore di testi e musiche di canzoni abruzzesi; corrispondente epistolare di numerosi ed importanti esponenti della cultura italiana del novecento.

Si è spento nell'ospedale di Sulmona la mattina del 17 dicembre 2017 all'età di 94 anni.

Tiziano Bellelli

Neuropsichiatra infantile, ha sempre conservato un profondo equilibrio tra conoscenza e onestà intellettuale. Ponendo infatti la vocazione del medico come centro gravitazionale del quotidiano lavoro di ricerca e di operatività, ha sviluppato nel tempo una ricchezza culturale e intuitiva che assieme ad una innumerevole mole di consulenze specialistiche dai parametri non comuni, hanno costituito la fonte di una enorme quantità di Seminari, Conferenze e Corsi che hanno formato generazioni nelle specifiche competenze.

È stato Direttore per molti anni dell'ENPAS di Chieti, poi confluito nell'INPDAP, a sua volta assorbito da qualche anno dall'INPS.

È stato Consulente Tecnico d'Ufficio presso il Tribunale di Chieti. I suoi elaborati, in questo settore, possono a buon diritto iscriversi in raffinate pagine di letteratura.

È stato per diversi anni Presidente dell'UNITRE di Chieti.

Nel dicembre 1982 pubblica per Rocco Carabba Editore di Lanciano *Il medico e la morte*,

Nel febbraio 1990 per la Vecchio Faggio Editore di Chieti pubblica *La vita a tre cifre*, con la Presentazione del prof. Giuseppe Abate e una Postilla della dott. Eide Spedicato. Il sottotitolo: *La vecchiaia promessa / tra potenzialità naturali e dinamiche culturali*, sintetizza ed esemplifica il senso di una analisi introspettiva lungo il percorso costruttivo e polivalente che va oltre i confini della mera professione.

Franco Castellini

È nato a Perugia il 02/01/1926. Dopo un'esperienza al reparto di Medicina dell'O.C. San Giovanni Battista a Foligno (PG), dal 1957 ha svolto attività di libero professionista prima a Perugia e poi, anche come medico di Enti assistenziali a Pescara dove risiede dal Settembre 1961.

Iscritto all'Ordine Sovrano di Malta San Giovanni di Gerusalemme, dal 10/6/92 è stato ammesso nell'Ordine del Santo Sepolcro di Gerusalemme.

Iscritto AIDO (Associazione Italiana Donatori Organi) di Pescara, e già iscritto all'Associazione Medici Cattolici. Scrittore, poeta, saggista, giornalista, conduttore di programmi radiofonici e televisivi su reti private. Ideatore, fondatore e presidente, fin dal 1989, dell'Accademia d'Abruzzo, associazione culturale di Lettere, Arti e Scienze, diviene dal 2011 Presidente Onorario a vita. Trasformatasi, nel frattempo, in Fondazione Accademia d'Abruzzo, questa Associazione vanta 265 incontri su tematiche le più diverse senza contare appuntamenti come le 52 Letture poetiche di Autori, Mostre di pittura di Artisti contemporanei regionali, tre Concorsi Germano Severi per giovani pittori, quattro Concorsi regionali per Giovani musicisti, e Concerti musicali sempre con giovani talenti abruzzesi e Docenti del Conservatorio Statale Luisa D'Annunzio di Pescara. A questo si aggiungano, alla Memoria del Docente grecista-latinista Michele Ciafardini, i 15 Concorsi Interregionali con traduzione di Autori classici dal greco al latino e in italiano; il primo Concorso Internazionale di Murales nel 1994, i dieci Concorsi di "Poesia in cammino" per giovani poeti abruzzesi dai 15 ai 35 anni.

Ideatore, fondatore e già presidente, dal 1999, del Carro di T.E.S.P.I. (Teatro Europeo Sperimentale Poesia Inedita), Associazione Nazionale di Poeti Italiani. Socio onorario del Club Operatori Arte e Cultura.

Presente in diverse riviste letterarie, autore di Raccolte edite di Poesie e Racconti.

Già iscritto all'Ordine Nazionale dei Giornalisti e della Stampa Metropolitana, al CONI, Federazione Medico Sportiva Italiana.

È scomparso il 6 settembre del 2013.

Remo Rapino

Remo Rapino è nato a Casalanguida (Chieti) nel 1951. Insegnante di Filosofia e Storia. Vive a Lanciano (Chieti).

Pubblicazioni: *Dissintonie*, L'Autore libri, Firenze 1993; *C. Michelstaedter: l'asintoto il peso e l'assoluto impossibile*, E. Troilo, Bomba 1994; *La vita buona*, Mobydick, Faenza 1996; *Anxanavis, All'antico mercato saraceno*, Treviso 1998; *Caffetteria*, Mobydick, Faenza 1998; *Terre rosse Terre nere*, Noubs, Chieti 1999; *Sotto la neve l'erba e altre storie*, Orient-Express, Castelfrentano 2001; *Ultima lettera ai Corinzi*, Book Ed., Castel Maggiore 2001; *Cominciamo dai salici*, Crocetti, Milano 2002; *La profezia di Kavafis*, Mobydick, Faenza 2003; *Fubbàll, cronache costaricane*, Bibliografica Castelfrentano 2007; *Un cortile di parole*, romanzo, Carabba, Lanciano 2006 (premio Penne-Europa-Città di Mosca); *Officina per un epistolario*, Bibliografica, Castelfrentano 2009; *Cicale & lumache, appunti sparsi d'amicizia e altre lentezze*, Bibliografica, Castelfrentano 2010; *Cantate inattuali*, Carabba, Lanciano 2010; *I ragazzi che dicevano okay*, Carabba, Lanciano 2011; *Davide con gli occhi sulla punta delle dita*, Bibliografica, Castelfrentano 2011; *Il salice, il grano, la rosa (per un bambino che dorme)*, Bibliografica, Castelfrentano 2011; *Esercizi di ribellione*, Carabba, Lanciano 2012; *L'ultima estate*, Bibliografica, Castelfrentano 2012; *Gli alberi di Milo*, Bibliografica, Castelfrentano 2013; *Sopra c'era tanto cielo che anche il bosco era azzurro*, Bibliografica, Castelfrentano 2013; *Fubballerie, pallonanne & arabeschi*, Bibliografica, Castelfrentano 2014; *Fantastrocche*, Bibliografica, Castelfrentano 2014; *Venti poesie blu e una macchia di rosso*, Bibliografica, Castelfrentano 2014; *Maschere dei giorni dispari*, Bibliografica, Castelfrentano 2014; *Forever ed altri per sempre*, Bibliografica, Castelfrentano 2014; *Quaderni, storie di calcio quasi vere*, Carabba, Lanciano 2015; *Sopra lo stato presente, minima moralia per un Paese altro*, Bibliografica, Castelfrentano, 2015/16; *Xièxiè e altre piccole amicizie*, Bibliografica, Castelfrentano 2016; *Questa la mia terra, poesie d'ascolto*, Bibliografica, Castelfrentano 2016.

Amato Maria Bernabei

Nato a Secinaro (AQ) il 25 Maggio 1945, vive ed opera a Vigonza (PD).

Si è laureato in Lettere a pieni voti, discutendo una tesi sullo sviluppo della personalità nell'età evolutiva con il Chiarissimo prof. Mario Bertini, dell'Università Cattolica di Roma.

Ha insegnato materie letterarie in vari Istituti della Provincia di Padova.

Nel 1990 per la Vecchio Faggio di Chieti pubblica il florilegio *L'errore del tempo*, che si fregia della prefazione di Elio Pecora e che reca nelle note introduttive una breve, qualificante sinopsi del grande scrittore brasiliano Jorge Amado.

Nel 1998 con la Casa editrice Libroitaliano di Ragusa pubblica la raccolta di poesie d'amore *Dove declina il sole*.

Nel 2006 la Marsilio Editori di Venezia pubblica *Mythos*, poema epico-drammatico di diecimila versi in terzine dantesche.

Nel settembre del 2011 l'Editore Arduino Sacco di Roma ha dato alle stampe il saggio *O Dante o Benigni*, in cui si denunciano le gravi lacune del comico toscano in materia dantesca e la rovinosa tendenza della civiltà dei mass media a creare miti falsi e deleteri.

Nel 2014 la Valentina Editrice di Padova edita il dramma sacro *Passio*, sempre in terza rima.

Attualmente è in attesa di pubblicazione l'opera di poesia *101 Sonetti - Canto della sera*, dedicata a William Shakespeare, in occasione del quarto centenario dalla morte.

È anche autore di un dramma in versi in due atti, *L'Inganno*, su commissione di un musicista contemporaneo, di una singolare opera poetica teatrale, *Il Ragno* e del poema in ottave *L'Infinito piatto*, un'aspra satira di costume riferita ai nostri tempi.

Ha collaborato alla realizzazione di spettacoli radiotelevisivi come ideatore, direttore artistico, critico e autore di testi.

È stato Assessore alla Cultura, Pubblica Istruzione e Politiche Giovanili nel Comune di Vigonza (PD) negli anni 1999-2002.

Giorgio De Luca

Giorgio De Luca è nato a Chieti, dove risiede, il 27 luglio 1950.

Ha pubblicato sei libri di poesie: *Il respiro della vita* (Casa Editrice Montedit, Melegnano (MI), 2011); *Non ha più lacrime la mia terra...* (Casa Editrice PensieriParole, Bassano del Grappa (VI), 2010); *Canto delle stagioni* (Edizioni Noubs, Chieti, 2010); *La Currière de la Puhisìje* (Edizioni Noubs, Chieti, 2010); *Per ogni nota che vive nel tempo* (Edizioni Noubs, Chieti, 2002); *Lu Dijarie* (Edizioni Noubs, Chieti, 2002).

Ha inoltre partecipato al nuovo progetto editoriale di PensieriParole: una Collana di 100 opere dei migliori autori pubblicando un libro di Aforismi intitolato *Carezze...* (Edizioni PensieriParole 2018, Bassano del Grappa – VI). È presente nella raccolta di poesie intitolata *Poeti per l'Emilia*, 37 autori uniti nella solidarietà per le popolazioni colpite dal terremoto in Emilia nel 2012, (Edizioni PensieriParole, 2012, Bassano del Grappa – VI); è altresì presente nell'Antologia poetica *Insieme. Autori per la Sardegna*, (Edizioni PensieriParole, 2013, Bassano del Grappa – VI).

Ha conseguito numerosi e importanti riconoscimenti, tra i quali: 1° classificato al I Premio Letterario Bussi sul Tirino 2014 – Sezione Poesia; 1° classificato al II Concorso Nazionale Letterario "Il Rovo" 2013 –

Sezione Poesia (Cagnano Varano – FG); 1° classificato al XVI Premio Internazionale di Poesia "Il Giro d'Italia delle Poesie in Cornice 2009" – (Club degli Autori, Melegnano – MI); 1° classificato al IV Concorso Letterario "Come un granello di sabbia 2009-2010" (indetto da PensieriParole, Bassano del Grappa – VI); 1° classificato Poesia inedita al III Concorso Nazionale di Letteratura e Archeologia "Guerriero di Capestrano" 2008 (Capestrano – AQ); Premio Speciale Perle Poetiche XXIII Edizione Premio Nazionale di Poesia "Rosario Piccolo" 2012 (Patti – ME); Premio Speciale Unico per Tematica al XXV Premio Nazionale "Histonium" 2010 (Vasto – CH). Nel 2002 ha fatto parte della "Corriera della Poesia" con a bordo poeti, attori e critici provenienti da tutte le province abruzzesi incontrando i più grandi poeti contemporanei quali Mario Luzi, Tonino Guerra, Andrea Zanzotto, Elio Pagliarani.

Mario D'Angelo

Mario D'Angelo, nato a Chieti nel 1964, è stato allievo di Giacinto Spagnoletti.

Laureato in Lettere moderne, insegna materie letterarie nel triennio della scuola superiore.

I suoi interessi spaziano dalla critica letteraria alla filosofia, soprattutto antica e medievale, con incursioni nel campo della critica d'arte.

Estimatore della letteratura classica, ha studiato con particolare riguardo Orazio, Catullo e Petronio, traducendo in versi italiani il *Pange lingua* di Tommaso d'Aquino. Nel 2002 ha pubblicato la monografia dal titolo *La mente innamorata. L'evoluzione poetica di Mario Luzi. 1935-1966* (Noubs, Chieti).

Si è occupato di alcuni dei maggiori poeti italiani dell'Ottocento e del Novecento (Foscolo, Manzoni, Leopardi, Ungaretti, Montale, Zanzotto, Luzi), tenendo conferenze non soltanto in Abruzzo, ma anche a Firenze e a Pieve di Soligo (Treviso).

Nel 2016, per i tipi delle Edizioni *Tabula fati* di Chieti, ha pubblicato il poemetto *Attraversando il cono d'ombra*.

Poeta di rare e meditate occasioni, eppure a suo modo costante, benché abbia letto pubblicamente i propri testi in svariate occasioni non si era mai deciso a pubblicarli, forse a causa del suo carattere schivo e riservato.

Elena Malta

Elena Malta è originaria di Pianella, in provincia di Pescara, dove tuttora risiede. Ha maturato la sua preparazione professionale presso la facoltà di Lingue e letterature straniere dell'Università "G. D'Annunzio" di Pescara laureandosi, con una tesi in Letteratura anglo-americana.

Dal 1973 al 1979 è stata in Canada, dove ha svolto l'attività di Professore Associato di Lingua italiana presso la University of Toronto – Department of Italian Studies. Durante questo periodo è stata Membro di un gruppo di ricerca specializzato nello studio delle interferenze linguistiche e multiculturali italo-canadesi; ha contribuito nella realizzazione di un Vocabolario linguistico di nuovi termini ed espressioni delle varie parlate regionali italiane che si sono innestate nella lingua anglo-canadese. Rientrata in Italia nel 1979, ha proseguito la carriera di insegnante nelle scuole pubbliche. Ha insegnato Lingua e letteratura inglese nel Liceo scientifico "L. da Vinci" di Pescara, fino alla pensione.

È attiva da vari anni anche come poeta, con lavori in lingua italiana, in inglese e nel proprio dialetto pianellese.

È vincitrice di primi premi in concorsi di poesia in competizioni nazionali e regionali, ed ha conseguito numerosi riconoscimenti di merito.

Tra le sue pubblicazioni in versi ricordiamo:

Un abito qualunque, ed. Tracce, Pescara, 2011

Tratti in chiaroscuro, Edizioni ETS, Pisa, 2014

Lungo questo fiume, Pegasus Edition, Cattolica, 2015.

Giuseppe Diodati

Nasce a Popoli il 6 ottobre del 1954.

Sfiora i cambiamenti come dirà in seguito. Frequenta la prima elementare l'ultimo anno in cui si usano i calamai a scuola, appena in tempo per vedere un primo cambiamento epocale. Frequenta il primo ragioneria nell'autunno 1968, appena in tempo per vivere un pezzo della grande contestazione.

Aderisce al Partito Comunista nel 1977 dopo un travaglio interiore.

Cerca di essere sempre obiettivo, ma la sua anima di sinistra è presente nei racconti e nelle poesie.

Nel 2008 pubblica *Zingaro del vento* (Ed. Antologica Atelier), un originale e amabile libro di poesie e brevi racconti.

Scrive sempre, ma lo fa solo sul web e prima di questo libro solo in alcune antologie compaiono sue poesie o racconti.

Il libro di favole *La Principessa dai mille mondi* attende di andare in stampa.

Non si ritiene un poeta e uno scrittore, ma adora scrivere favole e le inventa di continuo.

Attualmente lavora a Pescara come consulente finanziario.

Se di lui parlassero i bambini direbbero che è divertente, non si stancano mai delle sue favole e per lui questo vale più di un premio letterario.

Hariseldom, Sortilegio, Pelmo, Fantasma, Messaggero, sono gli pseudonimi con cui scrive in vari siti.

Ride di se stesso e scrive solo per divertimento e non smette mai di farlo.

Vincenzo D'Angelo

Vincenzo D'Angelo è nato a Tocco da Casauria (Pe) nel 1946, dove ha interrotto la sua vita terrena nel 2005.

Laureato in Lettere, dopo aver insegnato per diversi anni Religione, è stato titolare della cattedra di Italiano presso l'ITC di Torre dei Passeri. All'amore per la poesia e la letteratura ha alternato quello per la chitarra classica e per la Teologia; è stato direttore del Coro giovanile di Tocco da Casauria ed è stato consacrato diacono nel 2001.

Come autore di poesie ha pubblicato:

Tre canti nel silenzio, Pescara 1990, raccolta corredata da illustrazioni pittoriche eseguite dal fratello Piergiorgio, e frammenti musicali per chitarra classica, composti da lui stesso;

In un vento leggero, Vasto 1995;

Tre preludi, Chieti 1996 e New York 1998, con un'opera del fratello Piergiorgio;

Libero è leggero, Messina 2001;

Volti, Vasto 2003;

Linea d'orizzonte, Chieti 2008.

Come autore di narrativa ha pubblicato:

Tra l'uno e l'altro, 27 racconti brevi, Chieti 1997, con una foto del fratello Walter.

Tra le pubblicazioni di saggistica ricordiamo:

Il tema della sofferenza ne "Il Natale del 1833" di M. Pomilio, 1991;

Il tema degli uccelli in alcuni poeti italiani dell'Ottocento e del Novecento, 1992;

Lucia Mondella, 1992; l'Innominato, 1992; la sequenza descrittiva iniziale de "I Promessi Sposi", 1993;

Il tema della sofferenza nel suo contesto religioso ed esistenziale-letterario, 1994;

Il desiderio di soffrire per Cristo in "Ultima verba" di Teresa di Lisieux, 1996;

Memoria e canto in "Preludio toccolano" di Sandro Sticca, 1996.

Per la sua attività letteraria e per le sue opere, ha ottenuto numerosi riconoscimenti e premi in ambito nazionale.

Ha ricevuto testimonianze critiche da Giorgio Bàrberi Squarotti, Ferruccio Ulivi, Giovanni Pischedda e Patrizia Tocci, Sandro Sticca, Vittoriano Esposito, Sandro Bernabei, Michele Ursini, Padre Raimondo Corona, Luigi Alfiero Medea.

www.ingramcontent.com/pod-product-compliance
Lightning Source LLC
LaVergne TN
LVHW041201080426
835511LV00006B/697